Prisão em Flagrante
UMA ABORDAGEM GARANTISTA

G362p   Gerber, Daniel
        Prisão em flagrante: uma abordagem garantista/
        Daniel Gerber. — Porto Alegre: Livraria do Advo-
        gado, 2003.
        174 p.; 14 x 21 cm.
        ISBN 85-7348-278-8

        1. Prisão em flagrante. 2. Prisão provisória.
        I. Título.

                                              CDU – 343.125

        Índices para o catálogo sistemático:
        Prisão em flagrante
        Prisão provisória

        (Bibliotecária responsável: Marta Roberto, CRB-10/652)

Daniel Gerber

Prisão em Flagrante
UMA ABORDAGEM GARANTISTA

livraria
DO ADVOGADO
editora

Porto Alegre 2003

© Daniel Gerber, 2003

Capa, projeto gráfico e diagramação
Livraria do Advogado Editora

Revisão
Rosane Marques Borba

Direitos desta edição reservados por
Livraria do Advogado Ltda.
Rua Riachuelo, 1338
90010-273 Porto Alegre RS
Fone/fax: 0800-51-7522
livraria@doadvogado.com.br
www.doadvogado.com.br

Impresso no Brasil / Printed in Brazil

"(...) Quando pela primeira vez foi relatado que nossos amigos estavam sendo mortos, houve um grito de horror. Centenas foram mortos então. Mas quando milhares foram mortos e a matança era sem fim, o silêncio tomou conta de tudo. Quando o crime acontece como a chuva que cai, ninguém mais grita 'alto'. Quando as maldades se multiplicam, tornam-se invisíveis. Quando os sofrimentos se tornam insuportáveis, não se ouvem mais os gritos. Também os gritos caem como a chuva de verão".

Bertolt Brecht

Prefácio

As presunções no Direito Processual Penal

§ 1º. O livro que o leitor tem em mãos, *"Prisão em Flagrante: uma abordagem garantista"*, do advogado e professor universitário Daniel Gerber, é fruto de dissertação de mestrado defendida no Programa de Pós-graduação em Ciências Criminais da Pontifícia Universidade Católica do Rio Grande do Sul.

Durante o período de mestrado, pude estabelecer um rico contato com Daniel que, em realidade, iniciara nas aulas do Curso de Especialização em Direito Penal da Universidade Federal do Rio Grande do Sul. Em sala de aula, Daniel sempre foi um aluno inquieto, preocupado com a formatação que os saberes 'oficiais' (dogmatismo) impõem. Não obstante esta preocupação, sempre esteve vigilante com o conteúdo do seu próprio saber.

No decorrer do processo de orientação, esta inquietude foi ampliada, sobretudo com os resultados das investigações e a conclusão de que a dogmática processual penal, assim como sua matriz originária (dogmática jurídica), não fornece instrumentos suficientes para minimizar o abismo existente entre normatividade e realidade social. Mais, poderia afirmar: Daniel percebeu que *"(...) la distancia entre conflicto real y conflicto procesal, es notoriamente aumentada en el procedimiento penal (...)."*[1]

---
[1] BARATTA, *La vida y el laboratório del derecho: a propósito de la imputación de responsabilidad en el proceso penal*, in Doxa (05), 1998, p. 278.

Lembra Baratta[2] que no laboratório do Direito, o comportamento individual se apresenta como variável independente da situação fática, no qual o processo penal limita-se a uma construção abstrata que separa o conflito do contexto, tornando o conhecimento de suas raízes irrelevante. No entanto, este efeito perverso da dogmática processual, revelador de parte de sua extensa crise, não pode legitimar uma atitude cética que levaria inexoravelmente a abdicar do direito.

Se é notório, desde o ponto de vista externo (político e social), que a dogmática não consegue compreender os ricos elementos da cultura, desde o ponto de vista interno (jurídico), outra tensão parece aumentar seu iminente colapso: a desconstitucionalização das normas e a jurisprudencialização da Constituição.

No limite da(s) crise(s) da dogmática, expondo os déficits teóricos do pensamento penal, trabalha o autor, intentando, desde a Constituição, (re)fundar a estrutura genealógica do processo penal na perspectiva de uma prática humanizadora (garantista).

§ 2º. Daniel nota que nossa estrutura de saber padece da patologia demonstrada por Luís Roberto Barroso: "(...) *as normas legais têm de ser reinterpretadas em face da nova Constituição, não se lhes aplicando automática e acriticamente, a jurisprudência forjada no regime anterior. Deve-se rejeitar uma das patologias crônicas da hermenêutica constitucional brasileira, que é a interpretação retrospectiva, pela qual se procura interpretar o texto novo de maneira a que ele não inove nada, mas, ao revés, fique tão parecido quanto possível com o antigo.*"[3] Neste sentido, lembra Lenio Streck que "*há um certo fascínio pelo Direito infraconstitucional, a ponto de se 'adaptar' a Constituição às leis ordinárias*".[4]

---
[2] BARATTA, ob. cit., p. 279.
[3] BARROSO, *Interpretação e Aplicação da Constituição*, 3ª ed., São Paulo: Saravia, 1999, p. 70-71.
[4] STRECK, *Jurisdição Constitucional e Hermenêutica: uma nova crítica do Direito*, Porto Alegre: Livraria do Advogado, 2002, p. 30-31.

O trabalho sobre as prisões em flagrante procura, acertadamente, desconstruir a interpretação retrospectiva que a doutrina e a jurisprudência têm versado sobre o tema, negando, cotidianamente, a efetividade da Constituição.

Para além da discussão das prisões cautelares, cuja banalização parece ser típica de uma estrutura processual inquisitiva – *"inquisição é a conversão de todo o poder punitivo em coerção direta"*[5] –, o objeto principal de abordagem do texto é a 'presunção de flagrância', notadamente às hipóteses dos incisos III e IV do art. 302 do CPP.

Assim, o nó central da discussão parece ser as "presunções processuais penais".

Fundamental, no entanto, antes de ingressar neste diálogo, lembrar que no marco autoritário do CPP, inspirado na tradição fascista do Código Rocco, ao sistema das prisões provisórias é auferida fundamental importância na consolidação de um modelo repressivo pouco afeito às garantias. Nota-se, nitidamente, uma predominância da 'razão de Estado' sobre a racionalidade jurídica, isto é, uma prevalência do 'Príncipe sobre o princípio'.

A exposição de motivos, ao versar sobre 'a prisão em flagrante e a prisão preventiva', dispõe que *"o interesse da administração da justiça não pode continuar a ser sacrificado por obsoletos escrúpulos formalísticos, que redundam em assegurar, com prejuízo da futura ação penal, a afrontosa intangibilidade de criminosos surpreendidos na atualidade ainda palpitante do crime e em circunstâncias que evidenciam sua relação com este"*.

A luta do pensamento inquisitivo contra estes *'obsoletos escrúpulos formalísticos que impedem a repressão'* revela, em realidade, que **forma é garantia**, tudo porque garantismo nada mais é do que a opção por um modelo teórico de contenção da violência estatal.

---
[5] ZAFFARONI; BATISTA; ALAGIA & SLOKAR, *Direito Penal Brasileiro* (tomo 1), RJ: Revan, 2003, p. 105.

Baratta, vez mais, fornece chave de leitura ao problema: *"con todos sus defectos el formalismo procesal, aplicado a un correcto régimen acusatorio y garantista, tiene la virtud de contener, en lugar de ampliar, la desigualdad de poder entre las partes que intervienen en el proceso penal".*[6]

Não por outro motivo que 'as reformas' processuais, sempre amparadas pelo midiático consenso do desenfreado aumento da criminalidade, atacam a forma processual, volatilizando as nulidades, entendendo-as como meras irregularidades.

A investigação de Daniel, portanto, é absolutamente salutar, pois procura reler as 'presunções de flagrância' amparado na única presunção processual penal instituída pela Constituição: a presunção de inocência.

O estudo é importante, pois capacitará um novo entendimento acerca dos necessários freios ao poroso sistema de garantias do processo penal brasileiro.

§ 3º. A presunção de inocência, elevada à condição de princípio constitucional em 1988, impõe ao intérprete uma posição ativa, ou seja, os atores processuais devem trabalhar no processo com a crença de que o réu é inocente. Apenas quando todas as hipóteses defensivas forem ultrapassadas é que a presunção deve ser afastada.[7]

---

[6] BARATTA, ob. cit., p. 387.
[7] Leciona Amilton Bueno de Carvalho, em diálogo com Perfecto Ibáñez, que o juiz deve ter "(...) una creatividad comprometida con los principios generales del derecho, con radicalidad democrática, asumiendo el papel de garante de la libertad. En fin, actuando con la razón de la sociedad y no con la razón del Estado. Así, lleva el principio general del derecho (aquí en Brasil, principio constitucional) de presunción de inocencia a su límite máximo, o sea, que la presunción exige actuación real, efectiva, del juzgador orientada a la inocência, como algo activo y no pasivo. La última es la hipótesis teórica básica que me anima: llego a todos los procesos convencido de la inocência (hay un prejuicio con base en el principio de la presunción) y solo condeno cuando no fuera posible, a pesar de todos los esfuerzos interpretativos, absolver (BUENO DE CARVALHO, *Sobre la Jurisdicción Criminal em Brasil, Hoy: Carta Abierta de un Juez Brasileño a un Juez Español*, in *Jueces para la Democracia* (23), Madrid, 1994, p. 48).

Mas, muito embora tenha uma função específica na valoração da prova, a presunção de inocência funda o *status* jurídico do sujeito passivo do processo. Daí, portanto, não ser admissível qualquer outro tipo de presunção senão aquela constitucional.

A questão é que o art. 302 do CPP considera em flagrante delito, para além da 'certeza visual do fato' – hipóteses dos incisos I (quem está cometendo a infração) e II (quem acaba de cometê-la) –, quem (III) é perseguido, logo após, em situação que faça *presumir* ser autor da infração e (IV) é encontrado, logo depois, com objetos que façam *presumir* ser ele autor da infração.

Algumas indagações, pois, parecem ser pertinentes: a 'presunção de flagrância' elencada no CPP é compatível com o princípio constitucional da 'presunção de inocência'? Os incisos que determinam tal presunção teriam sido recepcionados pela Constituição?

As presunções normativas desempenham um importante papel dogmático, projetando efeitos muito sensíveis nas decisões judiciais.

Ullmann-Margalit afirma que "*las presunciones legales fuerzan a tomar algo como verdadero bajo determinados supuestos; en ocasiones, el derecho interviene y establece reglas en forma de presunciones en virtud de las cuales se 'infere' un hecho controvertido, a partir de certos hechos básicos ya establecidos, mientras no se aporten elementos de prueba suficientes en sentido contrário. De este modo, las presunciones indican anticipadamente una respuesta posible a la cuestión controvertida, a los efectos de producir uma decisión*".[8]

Assim, a presunção jurídica antecipa uma certa 'verdade processual' a partir de inferências, ou melhor, cria um sentido possível de 'verdade processual', direcionado a uma decisão, a partir de fragmentos.

Lógico que, como leciona o velho Carnelutti, ancorado em Heidegger, "(...) *a verdade jamais pode ser alcança-*

---
[8] *Apud* Mendonça, Presunciones, in Doxa (21-I), 1998, p. 83.

da pelo homem (...); a verdade está no todo, não na parte; e o todo é demais par nós".[9]

No entanto, para além do sonho narcíseo da dogmática processual penal de alcançar a 'verdade substancial', a Constituição, ao normatizar a presunção de inocência, estabeleceu uma atitude deontológica aos sujeitos processuais: aceitar, tomar como verdadeira, a inocência do acusado enquanto não houver robusta prova em contrário.

Como o processo de cognição é, em essência, um campo de diálogo direcionado à resolução de uma dúvida sobre o caso penal objeto de análise, e face à impossibilidade de se determinar *ex ante*, ou seja, fora do devido processo legal, a culpabilidade do autor, pressupõe-se a inocência. Desta feita, aos sujeitos processuais é constitucionalmente imposto um dever de aceitar uma proposição (o réu é inocente), até que este *status* (inocência) seja bloqueado ou destruído pelo mecanismo da contraditoriedade probatória. Se a prova inexiste, não é substancial ou não é passível de refutabilidade empírica, mantém-se o *status* inicial.

Mendonça adverte, portanto, que as presunções têm como função básica possibilitar a superação de um impasse do processo decisório em virtude da ausência de elementos de juízo a favor ou contra determinada proposição.[10]

Posto isto, parecer ser contrário ao preceito constitucional presumir-se ter determinada pessoa cometido um crime – a redação do *caput* do art. 302 é "considera-se em flagrante *delito*" –, em decorrência de indícios circunstanciais. Por mais tentador que seja o desejo (inquisitivo) de auferir a alguém o cometimento de um delito, a partir de uma confluência fática que insinua sua existência, a presunção constitucional se impõe, excluin-

---
[9] *Apud* COUTINHO, Glosas ao 'Verdade, Dúvida e Certeza', de Francesco Carnelutti, para os operadores do Direito, in Anuário Ibero-Americano de Direitos Humanos, RJ: Lumen Juris, 2002, p. 175.
[10] Mendonça, ob. cit., p. 89.

do o 'julgamento' sumário e, conseqüentemente, evitando efeitos perversos desta sugestão, no caso, a prisão processual.

Com isto não se está a negar a existência do flagrante, até porque também é máxima prevista na Constituição (art. 5º, inciso LXI). A conseqüência desta assertiva é a conformação do instituto aos princípios constitucionais e a limitação do seu (ab)uso às hipóteses de 'certeza visual'.

Tudo passa, pois, por uma tomada de posição: "*o direito penal, neste sentido, é teleológico: trata-se de um saber com um destino político definido de antemão, que pode ser garantidor (limitador) ou autoritário (supressor de limites), funcional quanto ao estado de direito ou ao estado de polícia*".[11]

A opção aqui exposta (no prefácio e no livro) é nitidamente a garantista, pois parto, e Daniel é partidário nesta tese, de uma concepção pessimista do poder, qual seja, que seu exercício, longe de estar afeto e predisposto à satisfação dos direitos, tende ao abuso. Assim, fundamental um modelo normativo e uma práxis (garantista) voltada à sua contenção.

§ 4º. Para finalizar, saiba o leitor que, antes de tudo, Daniel é um fraterno amigo.

Desde o seu ingresso no !TEC (Instituto Transdisciplinar de Estudos Criminais), e posteriormente no Mestrado da PUC, Daniel aderiu à transdisciplinaridade, opção que provocou angústia, pois, longe das amarras dogmáticas, descobriu que nada é sólido.

Daniel é um cúmplice que, nos inúmeros momentos de diálogo, vem apre(e)ndendo que 'os fatos não existem, existem apenas interpretações'.

Esta trajetória pude acompanhar com prazer, visualizando os frutos que se colhe quando a crise é instaurada. O trabalho que o leitor tem em mãos nasceu neste

[11] ZAFFARONI; BATISTA; ALAGIA & SLOKAR, ob. cit., p. 154.

processo de tensão. Superada a crise, resta o pesquisador.

O livro que ora é publicado é o trabalho de um investigador livre dos preconceitos dogmáticos e sempre disposto a ouvir, o que os torna (obra e autor) agradáveis de serem desfrutados.

"*Prisão em Flagrante: uma abordagem garantista*" é uma interessante contribuição à teoria crítica do processo penal. O livro tem como virtude expor à dogmática que a efetividade das normas constitucionais é um projeto inacabado (*unfinished*).

Adquire, portanto, contornos de uma teoria sensibilizadora que alerta que o projeto de filtragem constitucional, apesar de se revelar prolixo, não pode deixar de ser uma meta do jurista comprometido com o Estado Democrático de Direito.

Porto Alegre, outono de 2003.

Salo de Carvalho

Sumário

Apresentação 17
Introdução 21
1. Sistemas, processo e prisão provisória 29
   1.1. Breve consideração histórica 29
   1.2. Pena e Processo Penal 34
   1.3. Sistemas processuais: inquisitório e acusatório .. 41
   1.4. Sistema inquisitório 42
   1.5. Sistema acusatório 51
   1.6. Os sistemas e a busca da verdade 57
   1.7. O papel das prisões provisórias nos sistemas 62
   1.8. Panorama atual 66
2. Modelo garantista, a Constituição brasileira e a prisão em flagrante 75
   2.1. Processo Penal garantista 75
   2.2. Constituição e garantismo 81
      2.2.1. O devido processo legal 87
      2.2.2. A presunção de inocência 91
      2.2.3. Princípio da proporcionalidade 98
      2.2.4. O princípio da intervenção mínima 101
   2.3. A prisão provisória sob o marco garantista 102
   2.4. Prisão em flagrante 104
   2.5. O flagrante e sua natureza jurídica 106
   2.6. Presunções no flagrante 118
3. A prisão em flagrante no CPP 131
   3.1. A violência do flagrante em sua origem; o artigo 302 e suas modalidades 131
      3.1.1. Flagrante próprio (inciso I) 131
      3.1.2. Flagrante próprio (inciso II) 132
      3.1.3. Flagrante impróprio (inciso III) 138
      3.1.4. Flagrante presumido (inciso IV) 147

Considerações Finais - A exaustão dos paradigmas iluministas . 153

Bibliografia consultada 165

Apresentação

Construindo um novo saber processual penal

O *Instituto Transdisciplinar de Estudos Criminais* (!TEC) nasce num momento de crise, no final dos anos noventa, tendo como berço o Curso de Mestrado em Ciências Criminais da Pontifícia Universidade Católica do Rio Grande do Sul. Com cientificidade e portando credibilidade acadêmica, o Curso de Mestrado de concepção transdisciplinar e o !TEC cresceram juntos e, com o tempo, adquiriram a fidúcia necessária para a formação de uma verdadeira escola crítica de construção de um novo saber penal e processual penal.

Tive a oportunidade de ser um dos fundadores do !TEC, tendo sido o seu primeiro Presidente. Advogado criminal militante e professor de direito penal, carrego na bagagem um sentimento comum àqueles que almejam levar a academia ao Foro e o Foro à academia - a arte da ciência à arte de fazer Justiça, da realidade criminal à cientificidade. Nesse contexto, talvez por que as minhas idiossincrasias também estejam bem presentes no grupo de jovens penalistas que fundaram o !TEC e cursaram o mestrado em Ciências Criminais da PUCRS, fui incumbido de apresentar a investigação do Advogado e Docente Daniel Gerber à comunidade jurídico-penal. O Daniel Gerber é, sobretudo, mais um representante desta escola crítica no âmbito do processo penal que surge no Rio Grande Sul com o nascimento do !TEC. É combativo Advogado criminal e crítico professor de direito processual penal e, por isso, leva, diuturnamente, os frutos do debate acadêmico à porta da Justiça Criminal, despertando com a sua dogmática crítica – e a sua crítica à dogmática – a sonolência da jurisprudência padrão burocratizada na reprodução do texto legal.

Passados alguns anos, posso afirmar que, no que se circunscreve ao direito processual penal, hoje existe no Rio Grande do Sul algo diferente, algo que teve início com o Prof. Paulo Cláudio Tovo e que destoa do tradicional. O Daniel Gerber, assim como outros jovens docentes que fundaram o !TEC e vêm formando um novo saber penal, é um inconformado com a dogmática oficial.

Em prólogo à obra *Diálogos sobre a Justiça Dialogal* (RJ: Lumen Juris, 2002), tive a oportunidade de, conjuntamente com outro irresignado, o Salo de Carvalho, justificar a necessidade da realização de um contraponto teórico ao pensamento processual penal dominante. "A ausência de debate tem possibilitado o nascimento de idéias que estão sendo divulgadas como verdades oficiais, únicas. Invariavelmente reproduzidas em linguagem coloquial e despidas de cerimônia, estas verdades são servidas em manuais que reproduzem um conhecimento epidérmico e que deflagra a crise do ensino jurídico nacional. O pior de tudo, no entanto, é que tais verdades são consumidas pelo *mass media* jurídico com uma naturalidade que causa temor."

No mesmo tom de crítica segue a obra que ora apresento. Daniel Gerber é arguto ao realizar uma necessária leitura constitucional sobre a prisão em flagrante, concretizando uma crítica à versão oficial da custódia que, como se sabe, ganha eco na jurisprudência.

Ocorre que - como demonstra a obra - não há oficialidade. Daniel Gerber não tem o clichê do docente tradicional das aulas solenes e monologadas, que na concepção de Álvaro Melo Filho, inspirado em Roberto Lyra Filho, "além de comprometer a meta primordial do processo de educação jurídica que é o desenvolvimento do senso crítico e do pensar autônomo, contribui, irremediavelmente, para engrossar o caudal de alunos acomodados, os carneirinhos dóceis, os bonecos que falam com a voz do ventríloquo oficial." Daniel Gerber é audaz e, por isso, rompendo com o paradigma - como diria a nossa coordenadora do Mestrado em Ciências Criminais, Profª. Ruth Gauer –, abre um espaço importante, discutindo essa problemática e fazendo um contraponto crítico e teórico que é absolutamente fundamental.

Já alertava Roberto Lyra Filho, em suas *Razões de Defesa do Direito*: "Enquanto a doutrina predominante se confinar ao positivismo, enquanto os advogados virem a si mesmos como fiéis 'homens de leis', enquanto o ensino jurídico for mera navegação de cabotagem ao longo dos códigos – estaremos paralisando, amesquinhando, reduzindo o Direito e o Jurista às funções subalternas de arquivo e moço de recados dos interesses classísticos e do voluntarismo estatal. (...) Nas nossas pugnas domésticas, tenho repelido, ininterruptamente, a castração do direito, atado pelos dogmas e ensinado como ladainha de artigos, incisos, parágrafos e alíneas, ao molho de jurisprudência rotineira e sob o mofo da doutrina, sem estro crítico e enquadramento histórico-social." O Daniel Gerber vem engrandecer a escola. Compromissado com a visão constitucional do processo penal, engajado com a teoria crítica e com o garantismo penal, se lança rumo ao ensino jurídico-inovador, reformulando vetustos conceitos e, principalmente, rompendo com velhos mitos estereotipados no Código de Processo Penal de modelo inquisitivo.

A obra que ora recebe notoriedade abandona a visão oficial meramente *decisionista* do processo penal - *é réu aquele que for inimigo do povo e/ou é delito qualquer ato hostil contra o Estado e a sociedade* - e acaba por sepultar o processo orientado por "verdades" éticas ou políticas que vão além da prova, *quando os fins justificam os meios*. A partir do saber penal garantista de Luigi Ferrajoli exsurge a obra, que já vem embasada numa nova concepção de jurisdicionalidade e que está a conduzir o leitor ao modelo *cognoscitivo*, no qual *o fim é que passa a estar legitimado pelos meios*. A obra que ganha publicidade merece ser lida e apreciada, pois se trata de mais uma contribuição nesta longeva luta pela democratização do processo criminal.

Alexandre Wunderlich

Advogado. Prof. do PPG
Ciências Criminais da PUCRS

Introdução

Consoante Figueiredo Dias, "(...) o direito processual penal é, fora de toda a dúvida, um dos ramos mais fortemente 'ideologizados', dada a directa conexão da sua temática com os pressupostos políticos fundamentais de uma comunidade e com a 'concepção do homem' que lhe subjaz".[1]

Tal assertiva, com a qual concordamos, traz consigo uma constatação de fundamental importância para que se proceda a um correto estudo de qualquer espécie de instituto jurídico, qual seja a de que o "dever ser", imposto pela norma (*lato sensu*), jamais poderá ser dissociado de fatores sociais, políticos e econômicos, presentes em um determinado momento histórico de uma específica sociedade.

Nesta seara, ao entendermos que "(...) existem no processo penal três missões – uma missão jurídica (ordenada à realização do direito substantivo), uma missão política (ordenada à salvaguarda dos direitos, liberdades e garantias do arguido) e uma missão social (ordenada à manutenção da pacífica convivência social) (...)",[2] perceberemos que a produção legislativa de direito material e processual, assim como a incidência das normas frente aos casos em concreto, dependerá, sem-

---

[1] DIAS, Jorge de Figueiredo *apud* PATRÍCIO, Rui. *O princípio da presunção de inocência do arguido na fase do julgamento no actual processo penal português (alguns problemas e esboço para uma reforma do processo penal português)*, p. 22.
[2] PATRÍCIO, Rui. *O princípio da presunção de inocência do arguido na fase do julgamento no actual processo penal português (alguns problemas e esboço para uma reforma do processo penal português)*, p. 20.

pre, de uma opção ideológica por parte do Estado, onde tais fatores, encontrados em permanente tensão, irão se realizar com maior ou menor intensidade.

A busca de valores (ideologia), enquanto informadores da criação e incidência das normas, traz consigo uma primeira conseqüência, qual seja a diferenciação entre legalidade e legitimidade desta mesma norma. Desta maneira, sendo legítima a norma que, através de sua operacionalização, resguarde valores compatíveis para com a espécie de sociedade em que se encontra, e considerando-se que nosso país escolheu, como postulado político, a consagração de uma democracia de direito, parte-se, em tese, do princípio de que a norma, para ser legítima, deverá estar vinculada a valores que, primeiramente, resguardem o indivíduo como valor máximo a ser preservado, ainda que em detrimento, por vezes, de um pretenso "interesse social".[3]

Indo além, ao entendermos que nosso país elegeu, como postulado normativo, ser um Estado Constitucional de Direito, partimos da premissa de que a Constituição Federal sirva de "(...) ordem jurídico-normativa fundamental vinculativa de todos os poderes públicos",[4] ou seja, tal documento, ultrapassando a fronteira de mera "carta de intenções", "(...) trata-se de uma verdadeira ordenação normativa fundamental dotada de supremacia (...)".[5]

Tais postulados – político e normativo – podem ser traduzidos, então, da seguinte forma: "a norma constitucional que traga em si a proteção a direitos fundamentais do indivíduo é que irá nortear a produção legislativa infraconstitucional e vincular a interpretação e aplicação destas leis frente ao caso em concreto".

---

[3] O próprio conceito de "interesse social" traz consigo um problema ontológico e irresolúvel. Neste sentido, Nilo Batista adverte: "(...) que significarão 'interesses do corpo social' numa sociedade dividida em classes, na qual os interesses de uma classe são estrutural e logicamente antagônicos aos da outra?" (BATISTA, Nilo. *Introdução Crítica ao Direito Penal Brasileiro*, p. 26).
[4] CANOTILHO, J.J. Gomes. *Direito Constitucional e Teoria da Constituição*, p. 245.
[5] Id., ibid.

Ainda que tal assertiva nos pareça óbvia quando observada pelo prisma lógico-formal de sua estrutura, não se pode incorrer, como adverte Ferrajoli,[6] em uma falácia garantista, qual seja a de que basta uma "lei boa" (ou uma estrutura adequada) para que os resultados também o sejam. Para tanto, basta o destaque da crítica tecida por Nilo Batista ao sistema e à disfunção entre o "legal" e o "real": "(...) o sistema penal é apresentado como igualitário, atingindo igualmente as pessoas em função de suas condutas, quando na verdade seu funcionamento é seletivo, atingindo apenas determinadas pessoas, integrantes de determinados grupos sociais, a pretexto de suas condutas".[7] Continuando, o autor assevera: "(...) o sistema penal é também apresentado como justo (...) quando de fato seu desempenho é repressivo, seja pela frustração de suas linhas preventivas, seja pela incapacidade de regular a intensidade das respostas penais, legais e ilegais".[8] Por fim, conclui: "(...) o sistema penal se apresenta comprometido com a proteção da dignidade humana (...) quando na verdade é estigmatizante, promovendo uma degradação na figura social de sua clientela".[9]

O cotidiano forense permite observar situações que desprezam a estrutura lógico-formal de um Estado Constitucional de Direitos. A sociedade, induzida a um estado de emergência por força de uma mídia amplificadora de desgraças, assim como pela constatação empírica, e ainda não racionalizada, de que o direito penal não cumpre para com os objetivos que lhe emprestam, notadamente a manutenção da paz social, clama por uma intervenção máxima do Estado nas liberdades do indivíduo, passo este facilmente observado, por exemplo, junto aos insistentes debates acerca da legitimidade da pena de morte.

[6] FERRAJOLI, Luigi. *Derecho y Razón:* Teoria del Garantismo Penal, p. 941.
[7] BATISTA, Nilo. *Introdução Crítica ao Direito Penal Brasileiro*, p. 26.
[8] Id., ibid.
[9] Id., ibid.

Os poderes da república, por sua vez, acabam por fornecer ao corpo social uma resposta que, no mais das vezes, não ultrapassa a fronteira do mero simbolismo. No seio do Legislativo criam-se leis voltadas, exclusivamente, à satisfação de tais clamores. O Executivo, fazendo "sua parte", sanciona projetos e estabelece medidas de "segurança pública" similares às encontradas em qualquer espécie de regime ditatorial. O Judiciário, por fim, representando a relação direta entre Estado e indivíduo, simplesmente corrobora tal situação, através de uma omissividade aguda, aplicando normas de cunho eminentemente inconstitucional.

O processo penal, nesta esteira, corroborando a lição de que "(...) a conformação teleológica fundamental do direito penal substantivo exercerá uma influência decisiva na concepção do direito processual penal respectivo (...)",[10] passa a atender ditos "simbolismos". De medida limitadora do *ius puniendi*, transforma-se neste próprio, adquirindo um caráter substantivo que não deveria lhe pertencer. Um dos principais reflexos de tal situação encontra-se junto aos sistemas de prisão provisória que, a par das críticas processuais propriamente ditas, acabam por incorporar, "extra-oficialmente", uma das funções da pena privativa de liberdade – prevenção geral –, ou seja, se prende provisoriamente por uma necessidade social de punição.

Dentre as prisões denominadas provisórias, a modalidade do flagrante adquire singular importância, eis que, associada, pelo senso comum, à "certeza de cometimento de um crime por aquela determinada pessoa", traz consigo um simbolismo de extrema força política, representada pela "imediata resposta do Estado ao delinqüente". Através desta modalidade prisional, o Estado e, principalmente, a instituição policial, passam uma imagem de eficiência que não pode e nem é desprezada por este primeiro. Pelo contrário, é justamente em nome

---

[10] DIAS, Jorge de Figueiredo. *Direito Processual Penal*, p. 6.

desta "eficiência" que se molda o quadro até agora exposto.

Por força desta importância político-simbólica que adquire o flagrante, é que suas modalidades legais e aplicação prática se tornam o objeto do presente trabalho. Ao analisar-se o artigo 302 de nosso Código de Processo Penal, constata-se que, das quatro variantes da prisão ali descritas, somente uma trabalha, incontestavelmente, com o conceito de "certeza visual do ato", sendo que as demais incorporam uma *presunção de realização do ato por parte do agente*. Desta maneira, trabalhar-se-á com a hipótese de que, tanto em caráter legislativo quanto frente ao Judiciário, ditas variantes, frutos de um modelo totalitário e inquisitivo, configuram-se em atentado contra os postulados de um Estado Constitucional Democrático de Direito que, em tese, deveriam nortear a produção e aplicabilidade de nosso sistema jurídico.

Os argumentos utilizados para a contestação das formas de flagrante que se estruturam com fulcro na presunção de realização do ato surgem de um posicionamento garantista frente ao direito penal e processual penal. Ao adotar-se o garantismo como premissa, e entendendo-se o mesmo como um "(...) modelo interpretativo do sistema penal, como recurso heurístico de legitimação e/ou deslegitimação das normas e práticas do controle social formal", voltado à preservação das garantias e direitos fundamentais do indivíduo, se objetivará demonstrar que: (1) a Constituição Federal detém caráter vinculante e, sendo assim, "(...) os limites jurídicos das leis e de outras normas jurídicas têm de ser aferidos segundo os parâmetros das normas constitucionais (...)";[11] (2) nossa Constituição consagra o princípio da presunção de inocência, e este, entendido em sua amplitude, traz consigo, também, reflexos processuais, principalmente no que tange ao tratamento a ser forne-

---
[11] CANOTILHO, J.J. Gomes. *Direito Constitucional e Teoria da Constituição*, p. 259.

cido ao acusado enquanto alvo de *persecutio criminis*; (3) a única maneira de se relativizar dito princípio se encontra na aplicação de princípio de igual envergadura, no caso, o da proporcionalidade; (4) a prisão em flagrante, assim como qualquer outra espécie de prisão provisória, afeta a presunção de inocência, pois, como cita Patrício, "(...) do que se duvida – e era, sobretudo, isso que se ofereceria à investigação e à reflexão, a nosso ver – é que a aplicação de medidas de coacção seja, verdadeiramente, compatível com o princípio da presunção de inocência em toda sua extensão (...)";[12] (5) *a única relativização possível frente à prisão em flagrante, e, ainda assim, em caráter precário, é a de inocência, jamais podendo se relativizar, neste momento, a certeza de autoria e realização de um ato, em tese, criminoso;* (6) as hipóteses de flagrante que, além de relativizarem a inocência, trabalham, também, com presunção de autoria e concretização de ato, não foram recepcionadas por nossa Constituição.

A utilização do sistema garantista, ao cabo, permitirá que se constate a inconstitucionalidade da prisão em flagrante quando a mesma, consoante hipóteses descritas em lei, não carregar, consigo, a certeza visual do ato.

O primeiro capítulo inicia por analisar a relação existente entre direito penal e direito processual penal, demonstrando que este último deve ser observado enquanto garantia instrumental do indivíduo frente ao poder de punir do qual o Estado é detentor. Diferencia os dois modelos clássicos de sistema processual, quais sejam inquisitivo e acusatório, o conceito de verdade em cada sistema e as conseqüências do mesmo junto às prisões provisórias, terminando por retratar o papel político e simbólico de nosso sistema penal e as decorrências sociais que surgem desta espécie de utilização.

O segundo capítulo inicia-se com a visão do processo penal pelo viés garantista, em franca oposição ao sistema inquisitório, e passa, como decorrência lógica deste enfoque, à análise da Constituição Federal e seu

---
[12] PATRÍCIO, Rui. *Op. cit.*, p. 16.

caráter normativo-vinculante, assim como dos princípios que, em nosso entendimento, centralizam a discussão sobre o aprisionamento provisório. Surge, daí, a constatação de que a legitimidade desta modalidade de prisão se encontrará satisfeita quando – e, exclusivamente – o princípio da proporcionalidade e suas subdivisões (necessidade, adequação e razoabilidade) restar obedecido junto ao caso em concreto. Indo além, conceitua-se o termo "flagrante" para, após, desvendar sua natureza jurídica, demonstrando-se que, através da mesma, e de sua necessária relação com os mandamentos constitucionais, as hipóteses que carecem de visualização do ato não se encontram recepcionadas por nossa Constituição.

Ao fim, o terceiro capítulo analisa cada uma das hipóteses de flagrante contempladas pelo artigo 302, CPP, em seus incisos, revigorando, de forma específica, as críticas relativas à aplicabilidade das mesmas. Em sede de considerações finais, observa-se a crise paradigmática que a sociedade contemporânea atravessa, os reflexos da mesma junto ao processo penal e ao flagrante em si, reforçando-se o porquê da escolha do paradigma garantista como elemento norteador da hermenêutica legal.

O estudo se realizou com fulcro em pesquisa bibliográfica, onde tanto a visão garantista quanto os ensinamentos proporcionados pela criminologia da interação social e crítica moldam-lhe o aspecto, sem olvidar, contudo, a experiência empírica obtida junto ao cotidiano forense. Desta maneira, procurou-se demonstrar a importância que o instituto do flagrante detém junto à realidade específica do processo penal enquanto instrumento utilizado com fito de fornecer uma pretensa, mas desarrazoada, legitimidade à espécie de política criminal adotada em nosso país.

1. Sistemas, processo e prisão provisória

1.1. Breve consideração histórica

Para uma melhor compreensão do tema proposto no presente trabalho, faz-se necessária uma breve análise do que vem a ser o processo penal em si, sua função e seu relacionamento com o próprio direito penal.

O direito penal, bem se sabe, é um direito de punição extremada. Neste sentido, Bitencourt alerta que "(...) falar de Direito Penal é falar, de alguma forma, de violência"[13] e, desde sua institucionalização, que o tema é alvo de debates voltados à legitimidade de seus fins, ou seja, buscam-se, desde seu início, respostas que fundamentem a pena como um instituto jurídico que sirva para a persecução de um fim legítimo frente à sociedade e ao indivíduo sobre o qual recai a sanção.

Não obstante as variadas teorias que fundamentam o direito de punir, deve-se atentar, na busca de legitimidade a tal ato, que a punição é imanente ao convívio social. Ao falar-se em agrupamento social fala-se, também e inexoravelmente, em coercitividade.[14] Zaffaroni, por exemplo, observa a existência de uma "estrutura de poder", "(...) com grupos que dominam e grupos que são dominados, com setores mais próximos ou mais afas-

---
[13] BITENCOURT, Cezar. *Manual de Direito Penal*, parte geral, p. 1.
[14] ZAFFARONI, Eugênio Raúl. *Em busca das penas perdidas*.

tados dos centros da decisão",[15] sendo que através destas disposições sociais decorre, como conseqüência, um controle dos grupos dominados por parte dos dominantes (controle social). Em suma, o exercício de poder e a imposição de regras sobre os grupos nada mais são do que uma decorrência de sua própria configuração, e o Direito Penal, por sua vez, transforma-se em *mais um* dos variados instrumentos que existem para a concretização de tal atividade.

Indo-se além, é de se destacar que, muito embora a coercitividade social seja algo que se insere na própria essência do grupo, sua institucionalização não o é. Pelo contrário, tanto em sociedades antigas quanto em algumas sociedades orientais (conceito lato), a punição era (é) exercida pelo grupo que, porventura, sentia-se ofendido ou, neste mesmo diapasão, pela vítima em si. Consoante Prado, "(...) é possível iniciarmos pela afirmação de que os primeiros grupos humanos, as primeiras tribos, desconheciam métodos mais sistematizados de solução de conflitos e interesses penais, isto porque, como sociedades simples, rudes e incipientes, tendiam à concretização de seu direito".[16] Corroborando tal assertiva, Carnelutti, primeiro, ergue o questionamento, perguntando-se "quién castiga?" para, logo após, responder:

"En cuanto a aquel tipo primordial de castigo, que es la venganza, quien castiga es el ofendido o, en general, uno sobre el cual la ofensa, o sus relaciones con el ofendido, se há reflejado. Esta es una segunda deficiencia del mecanismo penal primitivo (...)".[17]

A evolução histórica do homem retrata as mais variadas formas e motivos de punição e, consoante Brandão, "(...) o Direito Penal primitivo é sinônimo de

---
[15] ZAFFARONI, Eugênio Raúl; PIERANGELI, José Henrique. *Manual de Direito Penal*, p. 81.
[16] PRADO, Geraldo. *Sistema Acusatório*, p. 74.
[17] CARNELUTTI, Francesco. *Principios del Processo Penal*, p. 33.

inflição de penas por demais cruéis, que em nada respeitam a dignidade dos homens que as sofrem, vinculadas a especialíssimas superstições e odiosas práticas".[18] O direito penal primitivo pertencia, em síntese, à órbita do direito privado. Daí decorre a pluralidade de entes aptos e legítimos ao exercício do poder de punir, sejam eles representados pela vítima em si, familiares, etc.

Se, ainda junto ao direito romano, pode-se afirmar que o direito penal passa a trazer caracteres de direito público, pode-se afirmar, também, que foi no medievo que a concentração do direito de punir nas mãos de órgãos institucionais torna-se regra. Tal época traz como uma de suas marcas a figura do "príncipe" como ente que substitui a vítima no pólo passivo da lesão causada por um ato humano, monopolizando para si o exercício do direito de punir.[19] Surge daí o embrião que culmina com o atual Estado de Direito, eis que dito monopólio significa, em primeiro passo, a negação da vingança privada como fonte legitimadora da punição. Maier, em análise ao tema, observa que "la superación de la venganza de sangre del ofendido o sus parientes se logró, tras una evolución secular, mediante la creación del poder penal del Estado(...)".[20] Entretanto, ainda que já se fale em concentração do *ius puniendi* nas mãos de um "representante" do Estado, deve-se perceber que está-se versando sobre uma sociedade dominada pela fé e, neste diapasão, a Igreja fundia-se com a nobreza e monarquia, exercendo, de forma concomitante,[21] o pa-

---

[18] BRANDÃO, Cláudio. *Introdução ao Direito Penal*, p. 13.
[19] Neste sentido, o príncipe da Roma Imperial era a parte ofendida somente quando o delito era classificado como *laesae maiestatis*, ou seja, não existia, neste momento histórico, a substituição de figuras e concentração de poderes que marcou o medievo. Nesta senda, mesmo na Roma republicana, o direito penal era de caráter predominantemente privado. Neste sentido, CARVALHO, Salo de, em *Pena e Garantias*: uma Leitura do Garantismo de Luigi Ferrajoli no Brasil, p. 19.
[20] MAIER, Julio B. J. *Derecho procesal penal I*, v. I, p. 89.
[21] Existia, em tal época, uma espécie de dupla jurisdição, representada pela existência de uma justiça secular e de uma justiça espiritual.

pel de legisladora,[22] acusadora, defensora e julgadora dos delitos.

Não bastasse esta concomitância jurisdicional, em 1233 o papa Gregório IX, seguidor das idéias de Dominic de Guzmán, percebendo o crescimento de comunidades heréticas, principalmente na França e na Espanha, através da ordem dos Cátaros, emite uma bula, endereçada aos bispos e, diretamente, aos dominicanos, afirmando: "Portanto vós (...) estais autorizados (...) a privar clérigos de seus benefícios para sempre, e agir contra eles e todos os outros, sem apelação, chamando a ajuda do braço secular, se necessário".[23]

Ante uma aparente ameaça à fé cristã de cunho apostólico-romano criavam-se, através de tal bula, os Tribunais da Santa Inquisição, cuja existência se dava – a teor da competência bispal – de forma concomitante aos Tribunais seculares, e a pena, então voltada ao mundo metafísico, regrada pela vontade de Deus, era uma conseqüência natural do pecado e representava a vontade divina e a expiação do transgressor.[24]

Tal entendimento passa a ser questionado através do movimento renascentista iniciado no século XVII, no continente europeu, principalmente através dos juristas Samuel Pufendorf e Christian Thomasius, que trouxeram para o mundo jurídico os conceitos de exterioridade e interioridade. Surge, nesta época, atendendo às necessidades de uma burguesia cada vez mais potente, uma nova concepção de indivíduo, sociedade e estrutura de

---

[22] Neste sentido, CARVALHO, Salo de., em *Pena e Garantias*: uma Leitura do Garantismo de Luigi Ferrajoli no Brasil, p. 84, esclarece: "O modelo jurídico do medievo é caracterizado na órbita penal por um conglomerado de possibilidades na construção da categoria crime. Estado, Igreja e direito consuetudinário eram idôneos à seleção das condutas consideradas nocivas e, portanto criminosas, à sociedade".

[23] LEA, Henry Charles. *A History of The Inquisition of the Middle Ages*, 1888, v. I, p. 329, *apud* BAIGENT, Michael e LEIGH, Richard. *A Inquisição*, p. 38.

[24] MAIER, Julio B. J., em *Derecho procesal penal*, v. I, p. 89, destaca que, logo após a superação das formas arcaicas de punição, através da formação de organização estatal, "este inmenso poder de la organización política sobre los hombres que la integraban culmina en la Inquisición, con la afirmación de valores y princípios absolutos (...)".

Estado; criam-se as teorias contratualistas fulcradas na racionalidade e igualdade dos homens e, conseqüentemente, os paradigmas jurídicos se alteram em acordo com as mesmas.[25] Laiciza-se o direito e concede-se ao indivíduo *status* de ente máximo a ser valorado e protegido por tal ciência, passando-se ao Estado a responsabilidade de regular a vida social através de normas devidamente estabelecidas e que trouxessem por objetivo não mais satisfazer a vontade do governante (vontade do príncipe, vontade de Deus), mas sim as necessidades do povo.[26] No entanto, ainda que redirecionado o foco legitimador do exercício do poder, todas estas fases históricas, desde os agrupamentos primitivos até a nossa sociedade contemporânea, trazem, pelo menos, um ponto em comum: a pena, ou seja, a coercitividade das regras de conduta.

Inobstante a mutabilidade dos fins, depreende-se que a pena acompanha a história do homem desde seu início. Por isso, passando-se ao largo das teorias e fundamentos que justificam o direito de punir, problema este que Dias salienta ser "(...)tão velho quanto a própria história do direito penal",[27] filiamo-nos ao entendimento de Tobias Barreto, o qual reproduzimos abaixo:

---

[25] Consoante CARVALHO, Salo de, em *Defesa Social*: "Se o discurso liberal proporcionou o rompimento com a percepção naturalística da estrutura social, pois sob o enfoque contratual os locais são determinados artificialmente pelo pacto possibilitando a ascensão da burguesia, no momento em que esta se solidifica no poder há clara transposição ideológica do discurso. Trata-se de estabelecer nova racionalidade que justifique e legitime este poder arduamente conquistado. (Re)Definidos os lugares após a modernidade, renova-se a necessidade de uma legitimidade naturalística da estrutura social".

[26] O princípio da legalidade não é uma conseqüência imediata da idade moderna e, sim, fruto de uma evolução do pensar ocorrida em tal época. É de se notar que a modernidade inicia-se, por assim dizer, através da figura do déspota esclarecido e, consoante Brandão, "(...)os sofrimentos impostos pelo uso de um Direito Penal não limitado pelo Princípio da Legalidade deram continuidade ao terror que se verificou na Idade Média. Os monarcas utilizavam-se do Direito Penal com o fim de assegurar a continuidade do absolutismo". BRANDÃO, Cláudio. *Introdução ao Direito Penal*, p. 29.

[27] DIAS, Jorge de Figueiredo. *Questões Fundamentais do Direito Penal Revisitadas*, p. 89.

"há homens que têm o dom especial de tornar incompreensíveis as coisas mais simples deste mundo (...) a esta classe pertencem os metafísicos do direito, que ainda na hora presente encontram não sei que delícia na discussão de problemas insolúveis (...) no meio de tais questões sem saída, parvamente suscitadas, e ainda mais parvamente resolvidas, ocupa lugar saliente a célebre questão da 'origem e fundamento do direito de punir'(...)o conceito da pena não é um conceito jurídico, mas um conceito político. Este é o ponto capital. O defeito das teorias correntes em tal matéria consiste justamente no erro de considerar a pena uma conseqüência de direito, logicamente fundada".[28]

O que visa a se destacar, aqui, é que a pena "existe", ou seja, é um fenômeno social, inexplicável sob o ponto de vista jurídico. Desta maneira, deve-se buscar a sua melhor aplicabilidade enquanto fenômeno inafastável, sem tentar-se legitimar a mesma através de uma definição jurídica *stricto sensu*, mas sim através de uma sistemática social, política e jurídica, que permita sua incidência somente quando inevitável.

1.2. Pena e Processo Penal

Partindo-se do pressuposto acima delineado, qual seja, a *inevitabilidade da punição*, busca-se a importância da mesma junto ao processo. Para Goldschmidt, sempre que for se falar em processo torna-se necessário, anteriormente, falar-se em pena; este é o elemento fundante do processo.

A pena, para Goldschmidt, detém caráter retributivo[29] e, neste viés, toda a sociedade resolve-se através de um sistema de retribuições, sejam em relações interpes-

---
[28] BARRETO, Tobias. *Estudos de Direito*, p. 163-178.
[29] GOLDSCHMIDT, James. *Principios Generales del Proceso*, p. 39.

soais, sejam em relações Estado/Indivíduo; desta maneira, a pena é a retribuição dada pelo Estado ao indivíduo que desrespeitou certas regras de conduta que lhe eram exigíveis por força da vida social. Ferrajoli,[30] por sua vez, entende que, para responder-se à questão "por que processar?" deve-se, também, em caráter inicial, buscar-se a legitimidade da pena; neste sentido, erguem-se os questionamentos:

"(...) existen y, si las hay, cuáles son las razones que hacen justo, o justificado, o aceptable moral y/o políticamente que a la violencia ilegal representada por el delito se anãda esa segunda violencia legal puesta en práctica con la pena? Y cómo se justifica el ejercicio de una violencia organizada, que ve alinearse a una multitud de sujetos contra una única persona?".

O motivo desta valoração do questionamento "por que punir?" é claro: precisa-se, primeiro, justificar-se a existência da punição para, somente após, tentar-se entender quando e como a mesma será aplicada, ou seja, de nada adianta perguntarmo-nos se a proibição e o julgamento são institutos legítimos, eis que os mesmos de nada valem sem seu resultado final, qual seja, exatamente, a aplicabilidade da sanção ao delinqüente.

Desta forma, o primeiro paradigma a ser fixado reside na legitimação do poder de punir, sendo que, aceito o mesmo como válido, torna-se necessário buscar o meio de se penalizar o indivíduo.

Por fim, reside nesta busca de um "caminho de penalização" o surgimento do processo. Para ambos os

---

[30] Para FERRAJOLI, Luigi, em *Derecho y Razón*: Teoria del garantismo penal, a pena adquire, também, caráter retributivo (muito embora este autor não ignore a característica prevencionista da mesma); entretanto, a retribuição, na ótica em análise, surge não como uma necessidade de contrapor um mal ao mal já realizado (Kant), nem como forma de, negando-o, restabelecer-se a ordem jurídica (Hegel), mas sim, e, fundamentalmente, como forma de estender a proteção do Estado ao sujeito desviante, afastando-o dos riscos inerentes à autotutela, ou seja, racionalizando sua punição e evitando, desta maneira, que o mesmo venha a sofrer uma punição excessiva pelo ato que cometeu.

autores, encontra-se o elemento legitimador do processo junto à existência da pena.[31]

Maier, em consonância com tal entendimento, também demonstra que a existência de um processo penal deriva, necessariamente, da concentração do *ius puniendi* nas mãos do Estado, afirmando: "(...) consecuente con la trasmisión del poder de reacción frente a la ofensa, del ciudadano a las manos del Estado (...) el procedimiento se transformó, básicamente, en una obra estatal (...); de la concepción de la pena estatal deriva, consecuentemente, todo el sistema".[32]

O que se depreende é que, muito embora o conceito e a legitimação do direito de punir possa diferenciar-se frente aos autores citados, todos afirmam o surgimento do Estado/Instituição como ente legítimo para exercício de tal poder, ou seja, o *ius puniendi* é de titularidade do Estado e, conseqüentemente, o processo surge como instrumento apto à realização e limitação de tal atividade. Neste sentido Beling, citado por Maier, ao afirmar que "(...) el Derecho penal no le toca al delincuente un solo pelo",[33] resume e exprime a idéia ora exposta, qual seja a de que o processo,

"(...) específicamente, es el 'Derecho de realización penal, en tanto se lo define por su función de regular el procedimiento mediante el cual se verifica, determina y realiza la pretensión penal estatal definida por el Derecho penal o se apunta, sintéticamente, que 'la realizacion del Derecho penal es la tarea del derecho procesal penal'".[34]

Nesta ótica, o processo penal detém uma relação de complementariedade necessária para com o direito pe-

---

[31] E nosso diploma processual penal, em seu artigo 43, nada mais faz do que corroborar o entendimento de que o processo somente existe enquanto caminho de aplicabilidade de sanção, eis que, consoante inciso II do referido artigo, em não mais existindo a possibilidade de se punir (por incidência de causas extintivas de punibilidade), a peça inicial acusatória será rejeitada.
[32] MAIER, Julio B. J. *Derecho procesal penal*, v. I, p. 816.
[33] BELING, Ernst *apud* MAIER, Julio B. J. *Derecho procesal penal*, v. I, p. 84.
[34] MAIER, Julio B. J. *Derecho procesal penal*, v. I, p. 85.

nal. Da mesma maneira que este último se encontra submetido ao princípio da legalidade, a aplicação da lei no caso em concreto encontra-se submetida ao *princípio da jurisdicionalidade*, ou seja, o simples fato de ter ocorrido um fato descrito anteriormente em lei não gera direito à punição. Pelo contrário, para que este direito passe a vigorar deverá, necessariamente, respeitar o caminho do devido processo penal.

O processo, então, é o caminho pelo qual o Estado deverá passar para declarar a existência de um delito e impor a pena correspondente ao mesmo.

A existência do devido processo legal como único instrumento hábil à consecução dos fins punitivos, consoante o salientado, traduz-se em *garantia instrumental* fornecida ao indivíduo, pois evita, através de mecanismo próprio, que a constatação da culpa e a incidência da punição decorram de elementos caracteristicamente autoritários. Trata-se de um sistema biunívoco de garantias, consoante Ferrajoli, para quem

> "el conjunto de las garantias penales (...) quedaría incompleto si no fuese acompañado por el conjunto correlativo o, mejor dicho, subsidiario de las garantias procesales (...) la correlación biunívoca entre garantías penales y procesales es el reflejo del nexo específico entre ley y juicio en matéria penal".[35]

Para Lopes Júnior, o caráter instrumental do processo "(...) reside no fato de que a norma penal apresenta, quando comparada com outras normas jurídicas, a característica de que o preceito tem como conteúdo um determinado comportamento proibitivo ou imperativo e a sanção tem como destinatário aquele poder do Estado, que é chamado a aplicar a pena".[36] A conclusão de tal

---
[35] FERRAJOLI, Luigi. *Derecho y Razón:* teoria del garantismo penal, p. 537-538. O autor continua: "Es decir, tanto las garantías penales como las procesales valen no sólo por sí mismas, sino también unas y otras como garantía recíproca de su efectividad".
[36] LOPES JÚNIOR, Aury. *Sistemas de Investigação Preliminar no Processo Penal*, p. 11.

assertiva, nos dizeres do referido autor, é que "não é possível a aplicação da reprovação sem o prévio processo, nem mesmo no caso de consentimento do acusado, pois ele não pode submeter-se voluntariamente à pena, senão por meio de ato judicial (*nulla poena sine iudicio*)".[37]

Vale aqui destacar: o processo jamais poderá servir para a simples satisfação de vontades do Estado, mesmo o democrático, eis que "o exercício arbitrário de poder, ainda que exercido por uma maioria, não perde seu caráter arbitrário". Tocqueville, passados quase três séculos, continua esclarecendo tal ponto com lucidez que merece transcrição:

> "Considero como ímpia e detestável a máxima que diz que em matéria de governo a maioria de um povo tem direito a tudo; entretanto, coloco na vontade da maioria a origem de todos os poderes. Estaria me contradizendo? Existe uma lei geral que foi feita, ou pelo menos adotada, não só pela maioria de todos os homens. Essa lei é a justiça. A justiça, pois, estabelece limites aos direitos de cada povo (...) Quando eu recuso obedecer a uma lei injusta, não nego absolutamente à maioria o direito de mandar; apelo, simplesmente, à soberania do gênero humano contra a soberania do povo (...) Que é uma maioria, tomada coletivamente, senão um indivíduo que tem suas próprias opiniões e em geral interesses contrários a outro indivíduo que é a minoria? Pois se admite que um homem dotado de todos os poderes pode abusar deles, como não admitir que uma maioria possa fazer o mesmo?(...) por isso, o poder de fazer tudo, que nego a um só de meus semelhantes, não se outorgaria nunca a muitos".[38]

---

[37] LOPES JÚNIOR, Aury. *Sistemas de Investigação Preliminar no Processo Penal*, p. 11.
[38] TOCQUEVILLE, Alexis de. *A Democracia na América*, p. 51-52.

Para Delmanto Júnior, enquanto negação de vontade de uma maioria e, neste sentido, instrumento de proteção individual,

"(...) busca o processo penal o difícil equilíbrio entre a proteção dos direitos e liberdades de uma pessoa, de um lado, e, de outro, a criação de instrumentos legais para que o Estado cumpra com o seu dever de prestar jurisdição, em função do interesse geral de individualização de condutas altamente antisociais, viabilizando-se, assim, a justa aplicação da lei penal".[39]

Sem embargo, a tarefa que compete ao processo penal é tortuosa, eis que deve atender tanto ao interesse social quanto ao interesse individual, jamais olvidando o entendimento de Dinamarco, para quem "(...) como pressuposto ou meio de controle dos atos de constrição judicial, em si mesmo o processo de conhecimento é instrumento de liberdade"[40] Em suma: a garantia individual, ainda que, muitas vezes, contrária ao interesse da maioria, traduz-se, indiretamente, na proteção destes mesmos desgostosos.

O processo, inserido nesta ótica racionalista de preservação do indivíduo e da sociedade, não se prestará à busca de concretização de simples vontades do Poder. Pelo contrário, na medida em que o limite do direito de punir outorgado ao Estado encontra-se no princípio da legalidade – somente se pune um fato definido em lei como delito –, o processo somente poderá se legitimar enquanto instrumento de reconstrução histórica do acontecido e verificação de ocorrência do fato definido em lei, respeitando-se, em tal caminho, os Direitos e Garantias Individuais.

Neste diapasão, cumpre ressaltar, desde logo, a falácia do argumento que coloca como objeto do proces-

---
[39] DELMANTO JÚNIOR, Roberto. *As Modalidades de Prisão Provisória e seu Prazo de Duração*, p. 5.
[40] DINAMARCO, Cândido Rangel *apud* DELMANTO JÚNIOR, Roberto. *As Modalidades de Prisão Provisória e seu Prazo de Duração*, p. 2.

so penal a busca de uma "verdade real", diferenciada, inclusive, daquilo que se denomina "verdade formal". Para tanto, basta pensar-se que a busca de um "conhecimento ontologicamente verdadeiro" nada mais é do que exercício de metafísica, pois parte do pressuposto, denunciado por Streck, de que

"(...) a declaração do real (enfim, da verdade material) não estaria contaminada, condicionada pelo instrumental analítico do juiz, por sua formação teórica e pela particular situação histórica em que está imerso".[41]

Desta forma, e continuando-se com referido autor, deve-se entender que

"(...) a verdade no campo jurídico é uma 'verdade hermenêutica', é dizer, a experiência de verdade a que se atém a hermenêutica é essencialmente retórica, com profundos coloridos pragmáticos (...)".[42]

Percebida a inexistência do "real" enquanto objeto a ser buscado junto ao processo, e atentando-se à advertência de Coutinho, para quem "(...) o fato, neste diapasão, é acontecimento histórico, dado à luz por adequação ou inadequação ao jurídico. Como tal traduz-se em uma verdade também histórica e, assim recognoscível – e, sendo assim –, a verdade está no todo, mas ele não pode, pelo homem, ser apreensível, ao depois, a não ser por uma, ou algumas, das partes que o compõem",[43] deve-se entender o axioma *veritas, non auctoritas facit iudicium*[44] como sendo aquilo que Calamandrei denominou "(...) juízo de verossimilhança".[45]

---

[41] STRECK, Lenio Luiz. *Tribunal do Júri, Símbolos e Rituais*, p. 95.
[42] Idem, p. 94.
[43] COUTINHO, Jacinto Nelson de Miranda. Glosas ao Verdade, Dúvida e Certeza de Francesco Carnelutti, para os Operadores do Direito. In: RUBIO, David Sánchez; FLORES, Joaquín Herrera; CARVALHO, Salo. *Anuário Ibero-Americano de Direitos Humanos (2001-2002)*, p. 177-179.
[44] FERRAJOLI, Luigi. *Derecho y Razón*: teoria del garantismo penal, p. 37.
[45] COUTINHO, Jacinto Nelson de Miranda. Glosas ao Verdade, Dúvida e Certeza de Francesco Carnelutti, para os Operadores do Direito. In: RUBIO,

1.3. Sistemas processuais: inquisitório e acusatório

Sendo o processo um complemento necessário, um instrumento (garantia instrumental) apto à efetivação das garantias penais materiais (meio e limite), e entendido que tal instituto, para que possa ser realmente concretizado, desassocia-se do exercício de poder e insere-se como instrumento de reconstrução histórica do ocorrido (juízo de verossimilhança), passa-se à verificação das espécies de sistemas processuais existentes, assim como as particularidades de cada um dos mesmos frente ao meio social que os utiliza.

Ressalta-se, desde já, que a importância do sistema processual vigente em uma determinada sociedade é singular, eis que, inobstante a "busca de uma determinada verdade" ser o objetivo dos dois casos a serem abordados neste capítulo – sistema inquisitório e sistema acusatório – o conceito do que venha a ser "verdade" (verdade real ou juízo de verossimilhança) e, conseqüentemente, *as formas utilizadas em sua perseguição*, encontram-se, nos mesmos, em pólos diametralmente opostos. Por fim, o reflexo dos paradigmas utilizados em tais sistemas altera, substancialmente, o papel do segregamento provisório do acusado, objeto do presente trabalho.

Voltando-se à premissa já destacada de que o Direito nada mais é do que "(...) um objeto cultural, criado pelo homem na medida em que estabelece formas de convivência comunitária",[46] compreende-se que os sistemas processuais devem ser entendidos em acordo com a época histórica da sociedade, assim como em relação à forma de poder institucional encontrada na mesma, ou seja, "(...) um sistema não é um conjunto solto e desarticulado de normas e instituições (...) mas sim uma realidade medida exatamente em virtude da coerência interna destas mesmas normas e instituições".[47]

David Sánchez; FLORES, Joaquín Herrera; CARVALHO, Salo. *Anuário Ibero-Americano de Direitos Humanos (2001-2002)*, p. 177-183.
[46] PRADO, Geraldo. *Sistema Acusatório*, p. 71.
[47] Idem, p. 62.

Isto posto, pode-se dividir os sistemas processuais em inquisitório e acusatório, sendo o primeiro marcado por um caráter decisionista, utilizado, tradicionalmente, em sistemas sociais totalitários, e o segundo, fulcrado em uma base cognoscitiva, utilizado em sociedades democráticas de direito.[48] As características gerais de tais sistemas, como afirmado, relacionam-se com a espécie de organização social vigente; desta maneira, impossível entender-se a lógica dos mesmos se não houver, também, uma compreensão do momento histórico e político em que se fizeram prevalecentes, sem, contudo, olvidar-se que,

"(...) em se tratando de estereótipos tendenciais e irrealizáveis em sua plenitude, os dois modelos coexistem diafonicamente nos ordenamentos jurídicos dos *Estados contemporâneos*, caracterizando e diferenciando textos legais e estruturas normativas. São sistemas de direito e de responsabilidade penal que 'oscilam entre dois extremos opostos, identificáveis não somente pela dicotomia saber/poder, fato/valor ou cognição/decisão, mas também pelo caráter condicionado ou incondicionado, ou seja, limitado ou ilimitado do poder punitivo".[49]

1.4. Sistema inquisitório

O sistema inquisitório, muito embora possa ter seu nascedouro marcado perante a Roma Imperial, esteve

---

[48] Com tal afirmação não se está a excluir a possibilidade de um sistema acusatório se prestar aos interesses de um regime totalitário ou, quem sabe, um sistema inquisitório enquadrar-se junto a uma sociedade democrática. Está-se, isto sim, relacionando tais sistemas, de forma genérica, com o ambiente sociocultural e político mais propício à sua adoção. Indo além, é de se destacar que inexiste um sistema puro, seja acusatório, seja inquisitório; em verdade, os sistemas serão erguidos sobre pilares fundamentais que lhes traçarão características genéricas, ora pendentes para o decisionismo, ora para o cognoscivismo.
[49] CARVALHO, Salo de. *Pena e Garantias*: Uma Leitura do Garantismo de Luigi Ferrajoli no Brasil, p. 87, sem grifo no original.

notadamente em vigência quando da Idade Média, substituindo, de forma gradativa, o sistema acusatório que, até então, vigorava na República Romana e na Grécia.[50] Caracteriza-se como reflexo de uma sociedade politicamente absolutista, concentradora de poderes nas mãos da instituição que, à época, era representada pela Igreja, em associação às monarquias.

Maier, em trecho destacado por Carvalho, explicita que

"(...) su nacimiento (sistema inquisitório), desarrollo y recepción fueron el resultado de la necessidad política concreta de apoyar un poder político central y vigoroso, cuya autoridad y fundamento no podía discutirse (autoritarismo). Para ello resultó necesario postergar los intereses individuales y elevar a principio el aforismo *salus publica suprema lex est*".[51]

Percebendo-se o ditame autoritário que marcou o medievo, não se pode olvidar que um dos instrumentos de controle social reside na cultura, ou seja, na identidade social de um povo, em suas crenças e anseios.[52] A Igreja, em vinculação com as monarquias, calcou seus esforços culturais na perpetração da imagem divina,

---

[50] Neste sentido, ver CARVALHO, Salo de, em *Pena e Garantias*: Uma Leitura do Garantismo de Luigi Ferrajoli no Brasil.
[51] MAIER, Julio B. J. *Derecho Procesal Penal*, p 261.
[52] Neste sentido, HALL, Stuart, *A Identidade Cultural na Pós-Modernidade*. O autor salienta a importância do mito e do sentimento (*feeling*) na formação de uma identidade nacional. A supremacia da Igreja Católica no medievo ilustra de forma adequada a necessidade do homem em acreditar no mito fundador, naquilo que deve ser dito sem poder ser dito. O que precisa ser frisado, muito embora o presente trabalho esteja a abordar os aspectos processuais que se intensificam em determinada espécie de sociedade, é que os mesmos somente se tornam possíveis enquanto houver, por parte dos que encontram-se próximos aos núcleos de poder, a criação de um sentimento social que os justifique. Desta maneira, percebendo os rumos que cada vez mais tomam conta do Brasil e da América Latina, torna-se mister não olvidar a advertência de CARVALHO, Salo de, *Pena e garantias*: Uma Leitura do Garantismo de Luigi Ferrajoli no Brasil, p. 18: "(...) caracterizar o que denominaremos 'paradigma inquisitorial' não representa mero exercício lúdico de academia, mas sim a percepção analítica de possibilidades concretas e atuais de sistemas jurídicos desvirtuados".

sacralizada, transformando a Idade Média em uma sociedade estamentada, onde seus figurantes (pessoas) encontravam-se devidamente imóveis em seus papéis predeterminados. Era uma sociedade fixa, hierarquizada, que "não podia" ser transformada pela vontade humana (o papel das pessoas era predeterminado pela vontade divina).

A presença do elemento Divino caracteriza a crença no determinismo monal, ou seja, no pré-condicionamento dos fatos que irão ocorrer. Desta maneira, pode-se afirmar que, na sociedade medieval, o homem não é o responsável pelos atos que pratica mas, tão-somente, o condutor e canal de expressão da vontade maior. Se, por acaso, praticasse ato que fosse de encontro ao esperado por Deus, era porque estava possuído por demônios,[53] ou seja, também não era pessoalmente responsável pelos mesmos mas, somente, condutor da vontade opositora a Deus. É, pois, uma sociedade onde o homem, por si só, não representa um valor a ser preservado.

O direito penal, como produto deste meio, busca a expiação do próprio demônio,[54] e, nos dizeres de Prado, "a Igreja passou a enxergar no crime não só uma questão de interesse privado mas, principalmente, um problema de salvação da alma, requisitando-se o magistério punitivo como forma de expiação de culpas".[55]

Entretanto, ainda que sob tal panorama, mister salientar-se a continuidade do raciocínio erigido pelo autor:

"(...) embora hoje a Inquisição seja vista com todas as reservas, cumpre remarcar que na sua época

---

[53] A expressão "demônios" deve ser entendida como símbolo do condicionamento religioso imposto ao corpo social, refletido, este, na maniqueísta *performance* de satanização do oponente.
[54] Percebe-se, aqui, a vantagem de utilizar-se o maniqueísmo citado (satanização), eis que, através de tal mecanismo, a "expiação do demônio" significa a absoluta neutralização do opositor, seja no campo dos fatos, seja no campo das idéias. Torna-se fácil, desta maneira, perceber-se o motivo pelo qual o direito da época confundia-se com a moral e a religião.
[55] PRADO, Geraldo. *Sistema Acusatório*, p. 87-88.

representou a luz da racionalidade, confrontada com a irracionalidade das ordálias ou juízos de Deus, que substituiu, enquanto sistema de perseguição da verdade, pela busca da reconstituição histórica, procurando, tanto quanto possível, reduzir os privilégios que frutificavam na justiça feudal (...)".[56]

Obviamente que a crença no determinismo monal, assim como na existência de uma fonte Divina do agir e de representantes de tal divindade na Terra, nada mais é do que uma (dentre várias) forma de exercício de poder. Os "dominados" assim permanecem, eis que fruto de um plano celestial, e os "dominantes" não sofrem o devido questionamento de seus atos, pelo mesmo motivo. Indo além, volta-se a frisar que a existência do ente divino caracteriza a consagração do absoluto, do inquestionável, do "verdadeiro"; crê-se em algo tão concreto quanto qualquer outro elemento natural, e, face tal concretude, *passível de se conhecer através de um processo*.

Configura-se, assim, uma estranha mistura; de um lado, busca-se uma reconstrução do fato ocorrido, passo este marcadamente racionalista; de outra banda, no entanto, crê-se em um Deus norteador de condutas e, conseqüentemente, na existência de uma verdade maior, absoluta, dirigida não só aos atos mas, acentuadamente, à alma do infrator, e passível de ser conhecida se procurada pelas pessoas certas e através dos meios adequados.

Inserido neste panorama cultural é que o sistema inquisitório adquire a força que hoje se reconhece, pois traz consigo a função de transformar-se em instrumento hábil a ser utilizado pela Igreja no sentido de descobrir-se esta verdade real, substancial; consoante Coutinho, citado por Carvalho, a Inquisição "(...) não inventou a

---

[56] PRADO, Geraldo. *Sistema Acusatório*, p. 89. Neste sentido, ver, também, CARVALHO, Salo de *Penas e Garantia*: Uma Leitura do Garantismo de Luigi Ferrajoli no Brasil, p. 27: "(...) a sanção (...) traveste-se de resposta 'quia peccatum', punindo-se o infrator não pela conduta e pelo resultado danoso produzido, mas por quão perigoso ou perverso é".

tortura, mas o meio quase perfeito para justificá-la: os mecanismos do sistema inquisitivo".[57] O acusado, ente sem uma "vida própria", eis que mero reprodutor das forças superiores (divinas/demoníacas), é visto não como um sujeito dotado de direitos mas, isto sim, na qualidade de um objeto a ser investigado na busca de tais "forças". Consoante Cordero, "(...) o instrumento inquisitório desenvolve um teorema óbvio: culpado ou não, o indiciado é um detentor das verdades históricas; tenha cometido ou não o fato (...) basta que o inquisidor entre na sua cabeça. Os juízos tornam-se psicoscopia".[58]

Sem dúvida é fácil se perceber que um corpo social anestesiado pela crença no além não irá se rebelar contra as características autoritárias de tal sistema, eis que estas se encontram devidamente camufladas sob o manto da sacralidade. Consoante Brandão, "(...) a história registra que a Inquisição se utilizou do Direito Penal para acomodar certas situações desagradáveis à manutenção da ordem pública, vinculando os suplícios e as penas oriundos do poder penal da época ao afastamento de fenômenos naturais, que se apresentavam como produto da ira de Deus".[59]

Deve-se atentar que a prática inquisitiva realizada pelos Tribunais somente se torna possível graças à miscigenação que se realiza entre moral e direito, ou seja, é necessária a aceitação consciente e inconsciente dos paradigmas defendidos pela instituição por parte do povo, seja ele representado pela classe dominante, seja pela classe dominada.[60] Corroborando-se o poder da fé no sentido de legitimar o autoritarismo, tem-se que a estrutura versada nasce "(...) no seio da Igreja Católica, como uma resposta defensiva contra o desenvolvimento

---

[57] COUTINHO, Jacinto apud CARVALHO, Salo de. Pena e Garantias: Uma Leitura do Garantismo de Luigi Ferrajoli no Brasil, p. 31.
[58] Id., ibid.
[59] BRANDÃO, Cláudio. Introdução ao Direito Penal, p. 23.
[60] Neste sentido: "Todas as instituições políticas são manifestações e materializações do poder; elas petrificam-se e decaem tão logo o poder vivo do povo deixa de sustentá-las". ARENDT, Hannah. Sobre a Violência, p. 34.

daquilo que se convencionou chamar "doutrinas heréticas" Trata-se, sem dúvida, do maior engenho jurídico que o mundo conheceu e conhece".[61]

O sistema inquisitório, no sentido pelo qual hoje se conhece, é marcado pela existência desta verdade absoluta – cuja revelação, frise-se, encontra-se em poder dos destinatários divinos –, e acaba justificando toda sorte de meios para encontro da mesma, como, por exemplo, a tortura do acusado para que, através de tal expediente, se obtivesse a confissão dos delitos, referendando-se, assim, a probidade da acusação.[62] Na observação traçada por Carvalho,

> "(...) o inquisidor, representante divino, é órgão de acusação e julgamento, figura sob a qual não podem pairar dubiedades, ou seja, trata-se de ente 'semidivino' cuja atividade não admite o dissenso, pois, em última análise, colocar-se-ia em dúvida a própria figura onipresente e perfeita do Todo Poderoso. A confissão, considerada a rainha das provas, desde esta perspectiva, apenas reafirma a 'verdade' divina e absoluta, tornando-se, assim, o principal instrumento processual".[63]

Desta maneira, os Tribunais do Santo Ofício encontravam-se devidamente "aparelhados" para realizar esta "instrução processual", que, no mais das vezes, se concretizava através da tortura dos indiciados na busca de

---

[61] COUTINHO, Jacinto. *apud* CARVALHO, Salo de. *Pena e Garantias*: Uma Leitura do Garantismo de Luigi Ferrajoli no Brasil, p. 22.

[62] Neste sentido, CARVALHO, Amílton Bueno de, em *Nós, Juízes, Inquisidores*, p. 4: "A confissão – conseqüência óbvia do interrogatório (ao interrogar o réu, busca-se obter a confissão do crime de que ele é acusado, Marques, José Frederico. *Elementos de Direito Processual Penal II*, p. 299) – sempre foi buscada até pelos benefícios que carrega, principalmente a pacificação interna daquele encarregado de julgar. O fantasma da condenação de inocente desaparece e a dificuldade emergente do encontro de outros elementos esclarecedores do fato restam superadas: todos ficam isentos de responsabilidade, afinal o réu é confesso a sentença criminal se transforma num ato singelo, como que homologador da confissão – pensar não mais é preciso; culpas eventuais são abafadas)".

[63] CARVALHO, Salo de. *Pena e Garantias*: Uma Leitura do Garantismo de Luigi Ferrajoli no Brasil, p. 25.

tal confissão, estando, ainda, legitimados pela imposição de uma cultura que marcou a época e que angariou, em nome da causa divina, o apoio popular e a solidariedade da classe dirigente[64] na perseguição aos hereges. Percebendo a aceitação pública da atuação inquisitorial, Baigent, em sua obra, expõe: "A tortura, pelos Inquisidores do Santo Ofício, era rotineiramente praticada. Toda comunidade, fosse ela uma pequena aldeia rural ou uma grande cidade, mantinha um patíbulo permanente na praça central".[65]

Na medida em que se versa sobre detentores de uma verdade absoluta (Igreja), a confissão é, como já salientado, a prova balizar de todo o processo.[66] Vale, a título de curiosidade, recorrer-se novamente a Baigent

---

[64] A obtenção do apoio solidário a uma causa, através da criação de uma cultura própria que forneça determinada identidade social ao agrupamento é, desde sempre, a melhor forma de se ocultar e preservar o verdadeiro totalitarismo. ARENDT, Hannah, em *Sobre a Violência*, p. 40, explicita: "Jamais existiu governo exclusivamente baseado nos meios da violência. Mesmo o domínio totalitário, cujo principal instrumento de dominação é a tortura, precisa de uma base de poder (...) Mesmo a dominação mais despótica que conhecemos, o domínio do senhor sobre os escravos, que sempre o excederam em número, não se amparava em meios superiores de coerção enquanto tais, mas em uma organização superior de poder – isto é, na solidariedade organizada dos senhores. Homens sozinhos, sem outros para apoiá-los, nunca tiveram poder suficiente para usar da violência com sucesso".
[65] BAIGENT, Michael; LEIGH, Richard. *A Inquisição*, p. 211. Vale frisar, no entanto, que os Inquisidores, por não raras vezes, despertavam o ódio da população local, e muitos foram mortos no exercício de suas "funções".
[66] Estando a confissão alçada ao patamar de "rainha das provas", o interrogatório acaba por se transformar no ato mais importante da persecução penal. Para FERRAJOLI, Luigi, consoante a citação de CARVALHO, Amílton Bueno de, em *Nós, Juízes, Inquisidores*, p 4.: "(...) en el proceso inquisitivo premoderno el interrogatório del imputado representaba el comienzo de la guerra forense, es decir el primer ataque del fiscal contra el reo para abtener de él, por cualquier medio, la confesión. De aqui no sólo el uso de la tortura *ad veritatem eruendam*, sino también la recomendación al juez de no notificar al inquirido, el título del delito atribuyda, ni su calidad, ni sus circunstancias específicas, ni los indicios recogidos previamente (...)". Não obstante tal situação ser característica de um sistema inquisitório fulcrado na concepção medieval de homem, vale a advertência feita por CARVALHO, Amílton Bueno de, no texto ora transcrito, para quem "(...) embora a doutrina ensine que ela – a confissão – não tem valor absoluto, em verdade, no plano da prática – o que realmente importa, porque é daí que o cidadão sofre as conseqüências – ainda hoje seu valor é espetacular, quase definitivo: no senso comum dos operadores jurídicos, é *sim* a rainha das provas" p. 4.

que, analisando o poder da declaração proferida pelo "herege", observa: "A Inquisição logo criou uma metodologia de intimidação e controle de impressionante eficiência – e, desta maneira – quando o Inquisidor chegava, era em solene procissão". Indo além, o inquisidor, neste momento, chamava "(...) todas as pessoas que quisessem confessar-se culpadas de heresia a apresentar-se." Vale ainda destacar a observação de que "O interesse último da Inquisição era pela quantidade. Estava disposta a ser branda com um transgressor, ainda que culpado, desde que pudesse colher uma dúzia ou mais de outros, ainda que inocentes".[67]

A crença em uma verdade real e em seus destinatários origina as demais peculiaridades do sistema inquisitório, marcadamente a concentração das funções de acusador, defensor e julgador em apenas uma só pessoa (eis que esta é a detentora da legitimidade divina), a ausência de contraditório, a falta de publicidade dos atos e as acusações secretas.

Entretanto, os movimentos da sociedade em direção a novos paradigmas entram em ebulição no século XVII e passam a concretizar-se como uma nova visão do mundo a partir do século XVIII. Se através do Papa Urbano II "em 1095 (...) abriu-se oficialmente uma nova rota para o domínio de Deus",[68] a sociedade, que permaneceu sob a dominação da crença no Divino durante séculos, passou a questionar e conseqüentemente reformular de maneira radical os paradigmas que lhe eram impostos pela Igreja. Tal reformulação acabou por originar o movimento que hoje se denomina Iluminismo, alterando por completo o entendimento do homem

---

[67] BAIGENT, Michael; LEIGH, Richard. A Inquisição, p. 47-48. Percebe-se a infeliz proximidade do pensamento inquisitório medieval com o malfadado instituto da "delação premiada" existente em nosso direito pátrio e revigorado com a "nova lei de tóxicos" (10.409/02). É lícito afirmar que o Estado brasileiro, por motivos já denunciados em diversos momentos, optou, no combate às drogas, pela filosofia da quantidade, ainda que em detrimento de princípios básicos de proteção aos direitos e garantias individuais.
[68] BAIGENT, Michael; LEIGH, Richard. A Inquisição, p. 19.

sobre si e sobre as estruturas institucionais que o cercavam. A doutrina imposta pela Igreja não resiste aos avanços comerciais, científicos e geográficos que passam a ocorrer; a descoberta de um novo mundo terrestre, assim como a quebra de diversos paradigmas que sustentavam a doutrina eclesiástica como, por exemplo, o sistema teocêntrico, acabam por colocar o homem, enquanto espécie, em patamar de dominador. Domina a natureza, domina sua modificação, consegue atuar de forma a realizar o futuro pretendido, trazendo a crença no devir para dentro de sua vida palpável; descobre-se potente, em movimento, contraposto à imagem de estagnação que havia suportado. O homem, conseqüentemente, passa a se ver com olhos distintos daquele que utilizava no medievo. Enquanto a sociedade feudal reprimia o desenvolvimento da liberdade individual, o homem da renascença passou a almejar uma imposição incondicional de seu ser através de seus valores intrínsecos, sua singularidade enquanto ser individual. Consoante Simmel, "o que se torna realidade nesse movimento é precisamente o individualismo da distinção em contraponto com a ambição do homem renascentista de se impor incondicionalmente, de enfatizar o valor de sua própria singularidade".[69]

O Iluminismo traz a Razão como base de toda a existência concreta. Nos dizeres de Baumer, "(...) a revolução do século XVII produziu uma nova concepção de pensamento, na medida em que substituía a meta contemplativa por uma concepção dinâmica, de fim utilitário e ativista!".[70] O homem passa, definitivamente, a ser o centro dos acontecimentos, tanto no que diz respeito às causas quanto às conseqüências dos mesmos, criando, através de tal pensamento, o conceito do que venha a ser liberdade; se, para o medievo, o homem

---
[69] SIMMEL, Georg. *Simmel e a Modernidade*, p. 2.
[70] BAUMER, Franklin *apud* OLIVEIRA, Susel (palestra em aula de Doutorado em História).

reduz-se a um ser que carrega a culpa e é temente a Deus, voltado exclusivamente à sua vida após a morte (ou seja, para o mesmo, a vida terrena nada significa), o homem que se origina desta nova concepção de mundo, e que será doravante denominado "indivíduo", traz em si o "vazio estóico", transformando-se na "descrença da própria crença". Somente aquilo que irá apreender e racionalizar é que será válido para sua formação. A transformação deste homem temente a Deus no homem guiado pela Razão será a pedra de toque das transformações sociais, políticas e jurídicas que, até os dias atuais, fulcram nossas instituições.

Como conseqüência desta transmutação, estabelecem-se os conceitos de liberdade e igualdade (Simmel), eis que o homem, por ser dotado de uma racionalidade natural, torna-se livre e igual a seus semelhantes. Em outras palavras, todos os homens detêm, em sua gênese, um caractere de igualdade, fruto da Razão que a todos se estende, e isto acaba por se refletir na impessoalidade do indivíduo e em seu direito a tratamento igualitário frente aos semelhantes, base esta até hoje utilizada pelo Direito moderno.

1.5. Sistema acusatório

Como fruto da evolução ocorrida no pensamento humano, surge a inevitável mudança dos paradigmas científicos. As ciências sociais, ou, ainda utilizada como sinônimo, as ciências "morais", passam a ser interpretadas frente ao relativismo que norteia o próprio agrupamento social. Turgot, citado por Baumer,[71] dividia as ciências em duas classes distintas, quais sejam, físicas e morais, sendo que estas últimas *se moldavam em acordo com o avançar do conhecimento,* ao reverso das primeiras, taxadas de periódicas.

---
[71] BAUMER, Franklin. *O Pensamento Europeu Moderno.*

A importância de tal distinção jaz na possibilidade de, consoante tal pensamento, embasar-se a ciência política em parâmetros utilitaristas e, conseqüentemente, relativos, passíveis de adequação frente ao quadro empírico específico. Renega-se qualquer espécie de crença no determinismo divino, no absoluto, e, consoante pensamento de Bentham,[72] as questões relativas à política e à moral deveriam ser discutidas frente à utilidade de suas premissas, sendo que, para referido autor, esta utilidade derivava da necessidade de um bem-estar geral.

Observa-se que a crença em um elemento apriorístico ainda persistia, não mais ligado ao Deus medieval, mas sim à Razão e à existência de regras naturais que precederiam o próprio homem. Neste sentido, Rosseau, ao defender a vontade geral como fonte geradora das normas de convívio, não estava posicionando-se contra a existência das leis naturais; ressaltava, ao reverso, que as mesmas lá estavam, mas que os homens "(...) só se tornavam conscientes das noções de moral dentro da sociedade".[73]

As ciências jurídicas, ramo das ciências naturais, passam a sofrer, também, profunda reformulação no que diz respeito às suas bases. Para o pensamento da época, a legislação deveria ser fulcrada junto às necessidades sociais e individuais, eis que o consenso de um determinado grupo social – em contraposição à idéia de direito natural – é que determinaria de forma adequada a correta relação entre o comum (interesse geral) e o particular (indivíduo).

Ao deslocar-se o elemento *a priori* de Deus para a Razão, o Iluminismo produz uma reforma que altera por completo as espécies de relações interpessoais e governamentais que irão reger a sociedade, eis que, a partir de então, todo homem traz consigo dito elemento e sua

---
[72] BENTHAM Jeremias *apud* BAUMER, Franklin. *O Pensamento Europeu Moderno.*
[73] ROSSEAU, Jean-Jacques. *O Contrato Social*, p. 54.

mais preciosa conseqüência, qual seja o livre-arbítrio, pedra angular de todas as ciências sociais; a Razão é um elemento apriorístico por se fazer presente em todos os indivíduos, mas o seu uso, ou, melhor dizendo, a forma pela qual o homem irá se expressar dentro de uma sociedade, é parte da escolha que o mesmo fez frente às possibilidades racionais que lhe eram alcançáveis. O homem passa, então, a assumir a responsabilidade pessoal pelos atos que pratica; de mero condutor das vontades divinas ou demoníacas, passa a ser o criador de tais vontades e, por conseqüência, o responsável pelas mesmas. Neste momento supera-se a estrutura política e social até então existente, derivada da vontade de Deus, mantenedora de uma sociedade estamentada e inflexível, substituindo-a uma estrutura onde o homem, através de seus esforços terrenos, fosse capaz de controlar seus caminhos em acordo com sua própria capacidade produtiva (econômica, cultural e científica). Tal fenômeno é analisado por Gauer, que salienta o nascimento de "(...) um novo homem, cujo valor se encontrava não mais na linhagem familiar, mas no prestígio resultante do seu esforço e capacidade de produzir".[74] O mundo volta-se, do pensamento teocêntrico até então dominante, ao antropocentrismo, inaugurando a era também conhecida por humanista.

Neste sentido, vale a citação de Bakunin, realizada em século XIX e que traz consigo a carga passada pelas mudanças do pensamento ora aludidas:

> "Substituindo o culto de Deus pelo respeito e o amor da humanidade, declaramos a razão humana como critério único da verdade; a consciência humana como base da justiça; a liberdade individual e coletiva como criadora única da ordem da humanidade (...) a organização política e econômica da vida social deve partir, consequentemente, não

---
[74] GAUER, Ruth Maria Chittó. *A Modernidade Portuguesa e a Reforma Pombalina de 1772*, p. 16.

mais como atualmente, de cima para baixo e do centro para a circunferência (...) mas de baixo para cima e da circunferência para o centro (...)".[75]

A Razão, como apontado, passa a ser o novo paradigma. Suas principais conseqüências podem ser explicitadas através da substituição da pessoa medieval, *objeto de investigação*, pelo indivíduo moderno, *sujeito de Direitos*, e pela crença na igualdade destes indivíduos. O homem, definitivamente, passa a ser o valor que norteia as relações sociais.

Com a valorização do homem e colocação do Indivíduo como fonte balizadora de valores sociais e políticos, o Estado deve ser alterado em consonância com este novo paradigma. Deixa de refletir uma vontade transcendental e passa a ser o espelho desta nova época; deverá ser um Estado voltado ao homem, criado pelo homem e para o homem, garantidor, primordialmente, da liberdade de ação deste último.

Surge, deste pensamento, a essência de um Estado liberal: além de reformar-se a forma de governo, o legislador "(...) deveria acima de tudo proteger e ampliar os direitos dos indivíduos – ou seja, (...) alargar o domínio da liberdade individual". O indivíduo precede à sociedade, e seus desejos

"(...) eram o ponto de partida de todas as sociedades políticas. Embora formando uma vontade comum, por razões de conveniência, eles entregavam apenas ao governo a parte do poder necessário para manter a boa ordem. O direito de querer, básico, continuava a pertencer-lhes como direito inalienável".[76]

A reforma do sistema punitivo torna-se uma mera conseqüência destas novas concepções; se as ciências sociais se observam, agora, por um viés utilitarista, o

---

[75] BAKUNIN, Michael Alexandrovich. *Textos Anarquistas, Catecismo Revolucionário*, p. 73-74.
[76] BAUMER, Franklin. *O Pensamento Europeu Moderno*, p. 154.

direito penal não sobrevive como mera retribuição ou expiação da alma, e, se o homem torna-se o valor máximo frente ao grupo social, o processo penal existe para a defesa de sua recém-conquistada liberdade. Neste sentido, Maier, ao expor as transformações sociais ocorridas em século XVII e seguinte, afirma:

> "Esta forma de proceder, vinculada a la persecución penal, supone la afirmación de valores del individuo que, por su mayor jerarquía, se anteponen a los mismos fines que persigue el enjuiciamento penal, fines que de esta manera ya no se conciben como absolutos, sino que resultan subordinados a la observancia de aquellos valores fundamentales (...) La limitación de los poderes del Estado es la nota característica del 'Estado de Derecho'".[77]

O sistema inquisitório cede espaço, então, ao sistema acusatório. Prado, em análise ao tema, realiza a distinção entre "sistema acusatório" e "princípio acusatório", sendo que este último é que informa ao primeiro quais as diretrizes a serem adotadas. Para referido autor, tem-se que o princípio acusatório reflete a principal característica desta nova sociedade, qual seja o valor do homem frente ao todo; neste sentido, e sob uma perspectiva processual, o indivíduo, enquanto devidamente valorado como ente máximo, deixa de ser um mero objeto de investigação e adquire o *status* de sujeito processual, ou seja, passa não apenas a deter obrigações frente ao processo mas, fundamentalmente, Direitos e Garantias.[78] Para Coutinho, esta valoração que se dá ao indivíduo, enquanto sujeito processual, deve se encontrar refletida no critério de gestão da prova, ou seja,

> "(...) o sistema inquisitório, regido pelo princípio inquisitivo, tem como principal característica a ex-

---
[77] MAIER, Julio B. J. *Derecho procesal penal*, v. I, p. 89.
[78] Surgem, aqui, o que a doutrina denominou de "direitos de primeira geração", quais sejam direitos e garantias a serem impostos, pelo indivíduo, contra a atividade do Estado.

trema concentração de poder nas mãos do órgão julgador, o qual detém a gestão da prova. Aqui, o acusado é mero objeto de investigação e tido como o detentor da verdade de um crime, da qual deverá dar contas ao inquisidor – sendo que, em um sistema acusatório onde, repete-se, o indivíduo detém um valor a ser preservado, o processo continua sendo um instrumento de descoberta de uma verdade histórica. Entretanto, considerando que a gestão da prova está nas mãos das partes, o juiz dirá, com base exclusivamente nessas provas, o direito a ser aplicado ao caso em concreto".[79]

Sendo assim,

"(...) falamos, pois, ao aludirmos ao princípio acusatório, de um processo de partes – e, por conseqüência, um processo onde a gestão das provas não se encontra nas mãos do julgador mas, sim, destas mesmas partes –, visto, quer do ponto de vista estático, por meio da análise das funções significativamente designadas aos três principais sujeitos, quer do ponto de vista dinâmico, ou seja, pela observação do modo como relacionam-se juridicamente autor, réu, seu defensor e juiz, no exercício das mencionadas funções".[80]

Desta transformação decorrem, naturalmente, várias outras; ao versar-se sobre um processo de *partes* e ao limitar-se a gestão da prova à ação desenvolvida pelas mesmas, depreende-se que o indivíduo deve ter, à sua disposição, instrumentos adequados e eficazes no sentido de refutar a acusação que lhe é imposta, criando-se, pois, o princípio do contraditório, eis que "(...) a idéia de acusação só tem sentido (...) contraposta à idéia de defesa".[81]

---

[79] COUTINHO, Jacinto Nelson de Miranda. Introdução aos Princípios Gerais do Direito Processual Penal Brasileiro, em *Revista de Estudos Criminais*, p. 28.
[80] PRADO, Geraldo. *Sistema Acusatório*, p. 114.
[81] Idem, p. 115.

Indo além, tem-se que de nada adianta o acusado poder contraditar a acusação se aquele que for realizar o julgamento estiver, psicológica ou materialmente, comprometido para com esta ou para com a busca, por si só, da prova atinente ao fato. Desta maneira, surge também, como aludido acima, o princípio da separação de funções, cabendo a distintas entidades os deveres de acusar, defender e julgar, configurando-se o *atrium trium personae*. Entretanto, e vale a advertência, a mera separação de funções não significa, necessariamente, observância ao princípio acusatório, eis que mesmo em um processo informado pelo princípio inquisitivo pode se realizar tal dicotomia. Desta maneira, para que se configure, de forma efetiva, o respeito ao princípio acusatório dentro de um sistema processual, tem-se que a acusação deve se revelar como sendo uma forma de se resolver o conflito existente entre o órgão acusador e a defesa do indivíduo através da decisão da terceira parte, julgadora, e, neste diapasão, conclui-se que

> "(...) a real acusatoriedade depende da imparcialidade do julgador, que não se apresenta meramente por se lhe negar, sem qualquer razão, a possibilidade de também acusar, mas, principalmente, por admitir que a sua tarefa mais importante, decidir a causa, é fruto de uma consciente e meditada opção entre duas alternativas, em relação às quais manteve-se, durante todo o tempo, eqüidistante".[82]

Gerados estão, neste viés, os princípios do juiz natural e da imparcialidade do julgador, sem dúvida de extrema importância quando se busca a reconstrução de uma verdade.

1.6. Os sistemas e a busca da verdade

Não bastasse o surgimento dos princípios da imparcialidade e contraditório como conseqüência da mu-

---
[82] PRADO, Geraldo. *Sistema Acusatório*, p. 105.

dança operada no *status* do homem (que, de um ser determinado por forças metafísicas, passa a ser o responsável por si e por seu mundo, transformando-se, na órbita processual jurídica, de "objeto" em "sujeito"), deve-se refletir sobre as conseqüências de tal paradigma frente à "busca da verdade".

Como visto anteriormente, o sistema inquisitório, ainda que hoje refutado em sua essência era, à época, um avanço contra as decisões simplesmente totalitaristas, eis que, a seu modo, buscava a reconstrução do ocorrido, ou seja, não legitimava a força pela força mas, sim, a força pelo acontecido.

Entretanto, na medida em que a verdade real, para tal sistema, era algo que, além de existir, referia-se aos mandamentos divinos e, portanto, passível de ser descoberta pelos agentes D'este, tem-se que o processo trazia consigo uma forte carga decisionista, ou seja, a verdade era proclamada como tal por tais agentes, e o acusado submetia-se à mais variada forma de sofrimentos em busca de tal objetivo. Neste viés, Maier:

> "El regímen de la prueba, sin embargo, continuó regido por los dos principios característicos ya consolidados: su dirección a la reconstrución histórica de un acontecimiento yu valoración fundada en la certeza moral del sentenciante, sobre la crítica personal de los elementos de prueba que apreciaba; por lo tanto, la sentencia siguió siendo la expresión personal de quien falaba acerca de la certeza o incerteza de un hecho y no la declaración de haber reunido las exigencias que la ley fijaba para expresar certeza o, por el contrario, la declaración sobre su ausencia".[83]

O julgador inquisitivo, como se denota, já detém em si a verdade absoluta, e busca junto ao acusado a existência de elementos que *não são empiricamente verificáveis*, eis que referentes ao "estado de alma" da pessoa.

---

[83] MAIER, Julio B. J. *Derecho procesal penal*, v. I, p. 288.

Consoante Carvalho, "o modelo estruturado na negação do contraditório e na junção laboral de acusação e julgamento desenvolve, como salienta Franco Cordero, um primado das hipóteses sobre os fatos. Dotado de uma hipótese, o inquisidor procede à busca incessante de sua afirmação, independentemente dos fatos que lhe são apresentados".[84] Tal sistema abdica de critérios objetivos no embasamento da decisão, recorrendo, tãosomente, à análise subjetiva do julgador sobre seu "objeto de investigação". As conseqüências de tal proceder são destacadas por Ferrajoli, para quem "(...) a subjetivação perverte o processo, dirigindo-o antes da comprovação de fatos objetivos à análise da interioridade da pessoa julgada; antes da verdade processual sustentada empiricamente à convencimentos subjetivados e incontroláveis do julgador".[85]

Na medida em que as mudanças trazidas pelo Iluminismo se operam e se concretizam no âmbito jurídico, o conceito de verdade sofre alterações e, em consonância com o fato de o indivíduo representar um valor a ser respeitado e defendido, a busca de tal verdade também transforma-se por completo.

Nos Estados autoritários, a verdade que se busca é uma "verdade" ética/política, também denominada "substancial" e tradicionalmente erigida sobre valorações, aspectos subjetivos que se faz acerca de determinados fatos. Embora se tenha versado, até o presente momento, na Igreja como símbolo de um processo inquisitório, torna-se fácil perceber-se que a "inquisição" não deriva apenas da vontade de Deus, mas, sim, da vontade de qualquer Governo que queira legitimar seus atos de força através da utilização do Poder.

Nos Estados Democráticos de Direito, por sua vez, estar-se-á a versar sobre um processo verdadeiramente cognoscitivista, ou seja, buscar-se-á não uma "verdade",

---
[84] CARVALHO, Salo de. *Pena e Garantias*: Uma Leitura do Garantismo de Luigi Ferrajoli no Brasil, p. 31.
[85] Idem, p. 27.

mas, como já dito, um juízo de verossimilhança, e de forma limitada pelos direitos inerentes aos indivíduos; desta maneira, os fins não mais justificam os meios, e o Estado deverá se contentar com a reprodução daquilo que conseguir fazer sem desrespeitar as garantias erigidas em torno do indivíduo.

Busca-se, em tais Estados, *um conhecimento passível de ser verificado empiricamente*. Consoante Maier, uma das premissas a serem respeitadas na busca de tal objetivo reside em negar-se validade ao "Direito Penal do Autor", voltando, o Estado, a respeitar o princípio do "Direito Penal do Fato" que, ao valorar a ação efetiva e preteritamente realizada,

> "(...) impide considerar como fundamento de la aplicación del poder penal por parte del Estado hipótesis no verificables totalmente – ou seja – El principio del Derecho penal de acto tiene inmediata repercusión procesal: según lo dijimos, la verdad, aquí estudiada, se vincula a la reconstrucción de una acción, realizada u omitida por el autor, situada en el pasado, única cognoscible por el juez".[86]

Para Ferrajoli, por exemplo, a limitação do que venha a ser "verdade" em campo processual é de tamanha importância que aparece classificada como o primeiro fundamento à embasar a própria independência do Poder Judiciário frente aos demais. Nesta seara, o autor entende que, somente através de tal princípio é que se resguarda ao julgador a possibilidade de julgar um caso ainda que em desacordo com a vontade geral, sendo que,

> "(...) en la jurisdicción penal, sin embargo, la verdad garantizada por estricta legalidad es directamente un valor de libertad. Sobre todo porque los derechos de libertad están protegidos frente al abuso gracias, precisamente, al carácter cognoscitivo y

---
[86] MAIER, Julio B. J. *Derecho procesal penal*, v. I, p. 854.

no potestativo del juicio (...) el objetivo justificador del proceso penal se identifica con la garantía de las 'libertades' de los ciudadanos, a través de la garantía de la 'verdad'- una verdad no caída del cielo, sino obtenida mediante pruebas y refutaciones – frente al abuso y el error".[87]

Enquanto no esquema decisionista, por exemplo, a própria atividade da defesa acaba sendo um obstáculo à marcha judicial, eis que poderia prejudicar o alcance desta "verdade maior", tem-se que, em um processo cognoscitivo, respeitar-se-ão, dentre outros, a ampla defesa, o contraditório, o direito ao silêncio. Em suma, buscar-se-á uma verdade limitada, sem que, como já dito, se atropelem os direitos fundamentais do indivíduo.

Desta maneira, as diferenças fundamentais entre os sistemas podem ser entendidas junto à gestão da prova e valoração do indivíduo enquanto sujeito processual. No sistema inquisitório, o que se ressalta é busca uma verdade *lato sensu*, substancial, máxima; para a busca de tal verdade ocorrer de forma adequada, despreza as garantias do indivíduo e, comumente, concentra papéis de acusação e defesa na mão de uma mesma pessoa, qual seja o juiz; voltando-se a Carvalho,

"(...) o processo inquisitivo é infalível, pois o resultado é determinado previamente pelo próprio juiz-acusador. A sentença é potestativa e plena, e, na maioria das vezes, não admite recurso, pois o divino encarnado pelo Santo Ofício não se contradiz e não admite questionamento, ou seja, é perfeito e não suscetível ao erro".[88]

Já, para o sistema acusatório, o que se busca é uma aproximação histórica formal, empiricamente comprovável. Conseqüentemente, obriga-se a respeitar as ga-

---
[87] FERRAJOLI, Luigi. *Derecho y Razón*: teoria del garantismo penal, p. 546.
[88] CARVALHO, Salo de. *Pena e Garantias*: Uma Leitura do Garantismo de Luigi Ferrajoli no Brasil, p. 30.

rantias do indivíduo mesmo que dito respeito torne inalcançável uma fiel reprodução dos fatos ocorridos; para realizar tal objetivo, institui o *atrium trium personae*, criando, obrigatoriamente, a divisão entre quem julga e quem acusa, sendo que o julgador é um espectador do feito, não estando comprometido com as partes e com a gestão probatória. É um processo cognoscitivo, eis que o julgador deverá ter sua imparcialidade garantida e somente exercerá seu julgamento sobre os fatos que lhe forem dados conhecimento – "(...) juiz espectador, voltado sobretudo à objetiva e imparcial avaliação dos fatos (...)".[89]

1.7. O papel das prisões provisórias nos sistemas

Considerando-se o papel do acusado junto ao sistema inquisitório, qual seja o de objeto de investigação, Maier cita, em relação ao mesmo, que "(...) su defensa y asistencia técnica fueron negadas, incluso como consecuencia del secreto procedimiento".[90] Continuando, expõe que tal regramento "condujo a la pérdida de la mayoría de las facultades que distinguen a un sujeto de derechos y, por otro lado, a la incomunicación del detenido. La pérdida de su libertad ambulatória, su sometimiento a la prisión durante el procedimiento, se transformó de la excepción en la regla (...)".[91]

Torna-se óbvio que se o objetivo do sistema inquisitório encontrava-se na busca de uma verdade "real", alcançável via confissão do imputado, *seu segregamento transforma-se em mera conseqüência deste ideal*. Em verdade, a segregação do acusado é o melhor caminho para se buscar o ocorrido, eis que, unindo-se à fragilidade psicológica que tal medida causa, aos tormentos físicos

---

[89] FERRAJOLI, Luigi *apud* CARVALHO, Salo de. *Pena e Garantias*: Uma Leitura do Garantismo de Luigi Ferrajoli no Brasil, p. 30.
[90] MAIER, Julio B. J. *Derecho procesal penal*, v. I, p. 315.
[91] Id., ibid.

impostos ao preso, este acaba por dizer exatamente o que seus inquisidores desejam escutar. Beccaria, quando se ergue em desfavor da tortura, sinala tal conclusão, e, para demonstrar a absoluta inépcia da tortura enquanto meio de revelação, expõe:

> "Todos os atos da nossa vontade são proporcionais à força das impressões sensíveis que os causam, e a sensibilidade de todo homem é limitada (...) O inocente exclamará, então, que é culpado, para fazer cessar as torturas que já não pode suportar; e o mesmo meio empregado para distinguir o inocente do criminoso fará desaparecer toda a diferença entre ambos.[92]

A prisão antecipada do acusado, verificada pelo viés processual que transforma a confissão em prova maior, irrefutável, surge como lógica conseqüência de tal sistema, tornando-se passo obrigatório por parte da instituição.

No sistema acusatório, ao revés, e rememorando que o mesmo já era utilizado tanto no direito grego quanto romano, vale destacar que lá, ou seja, tempos antes do domínio inquisitorial,

> "el acusado, como en todos los sistemas acusatórios, y salvo excepciones concernientes a nuevas honras (...) era tratado como un inocente durante el procedimiento y hasta que una sentencia de condena no variara su situación. Él podía ser privado de su libertad por el pretor hasta su juzgamiento público, pero sólo cuando, al comparecer ante el pretor, confesaba su crimen; en los demás casos procedía siempre su libertad caucionada (...)".[93]

Percebe-se que o sistema acusatório que precedeu a entrada da Inquisição no continente europeu já era, à época, um instrumento que fornecia maiores garantias

---
[92] BECCARIA, Cesare. *Dos Delitos e Das Penas*, p. 36.
[93] MAIER, Julio B. J. *Derecho procesal penal*, v. I, p. 283.

ao acusado[94] (ainda que nem todos gozassem de tal *status*); nesta linha, e marcadamente com o renascimento de tal sistema por obra do movimento Iluminista, o indivíduo, centro das atenções políticas, sociais e jurídicas, tem sua liberdade erigida a direito fundamental, ou seja, *seu encarceramento somente deverá ocorrer como fruto de uma pena que lhe foi imposta ou, se provisório, em caráter de absoluta excepcionalidade.*

Não poderia ser diferente se recordarmos que o Iluminismo traz como baliza o princípio da liberdade, devidamente exposto em bandeira francesa; a liberdade de ir e vir, necessária à dominação da natureza pelo homem, somente poderia se tornar alvo de restrição quando já não houvesse medida outra que servisse para o caso em concreto. É, a bem dizer, a demarcação do princípio da necessidade e da *ultima ratio* em esferas penal e processual penal.

Uma das conseqüências de tal movimento se traduz na criação do sistema constitucional, positivando as garantias recém-conquistadas. Desta maneira, o direito processual penal

> "(...) que não encontre seu fundamento racional, político e jurídico, no articulado de uma Constituição que 'reconheça e garanta os direitos invioláveis do homem' se encontra exposto a todas as possibilidades de reformas vinculadas (...) com grave prejuízo das liberdades públicas e privadas.[95]

Nascem os "Direitos de primeira geração", quais sejam os limitadores da atividade estatal, também co-

---

[94] Vale relembrar que, à época, vigorava a denominada "Teoria do Direito Concreto de Ação"; a ação penal somente poderia ser interposta se houvesse prova contundente quanto ao pedido, não se bastando em meros indícios e, indo além, se a tese acusatória não fosse provada, através da devida refutação de seus argumentos por parte do acusado, o acusador sofria uma pena. Muito embora a teoria concreta seja insustentável, serve como ponto de referência histórico para se demonstrar que se acusasse alguém era um direito de difícil realização, tornando o acusado um sujeito de direitos apto ao exercício de sua defesa.

[95] BETTIOL, Guiseppe *apud* PRADO, Geraldo. *Sistema Acusatório*, p. 47-48.

nhecidos por "direitos negativos", eis que trazem por fito impedir a intromissão do Leviatã na esfera de liberdades individuais. Consoante Duquelsky Gomez, a imagem do Estado é a de "(...) protetor dos direitos individuais",[96] ou seja, preserva-se, acima de tudo, o Direito de ir e vir. Tal situação encontra-se retratada tanto na Declaração de Direitos do Homem e do Cidadão quanto na Declaração dos Direitos do Homem.

Inserida em tal ótica, volta-se a frisar, a prisão antecipada do acusado torna-se medida excepcional e, em sua obra, Beccaria se insurge contra a mesma, declarando expressamente que

> "(...) um homem não pode ser considerado culpado antes da sentença do juiz; e a sociedade só lhe pode retirar a proteção pública depois que seja decidido ter ele violado as condições com as quais tal proteção lhe foi concedida. Só o direito da força pode, pois, autorizar um juiz a infligir uma pena a um cidadão quando ainda se duvida se ele é inocente ou culpado".[97]

Os efeitos que a prisão de um indivíduo gera são catastróficos e, concordando-se com Carnelutti, entende-se que, ao versar-se sobre o processo penal e sua incidência sobre a pessoa, descobre-se ser o mesmo uma pena por si só, principalmente quando, ao fim de sua instrução, resulta provada a inocência do acusado (residira aí, na declaração de inocência, a verdadeira "miséria do processo penal"). Se o processo já é uma "pena", que se dirá, então, de uma prisão, ainda que, ao fim, reste provada a inocência do acusado?

As marcas de tal instituto tornam-se indeléveis, e irão acompanhar o indivíduo por boa parte de sua vida futura. Desta maneira, e em acordo com o paradigma acusatório, que visa, como exaustivamente frisado, a preservar o homem enquanto valor maior de uma socie-

---
[96] GOMEZ, Diego J. Duquelsky. *Entre a Lei e o Direito*, p. 17.
[97] BECCARIA, Cesare. *Dos Delitos e Das Penas*, p. 35.

dade, a prisão provisória, qualquer que seja sua modalidade, somente irá ocorrer quando for o único e proporcional instrumento apto à obtenção do fim almejado.

Muito embora a noção de que um aprisionamento sem culpa somente deva ocorrer em caráter de *última ratio* soe como uma conseqüência lógica de uma sociedade democrática de Direito e, indo além, ainda que se considerando ser esta a idéia passada por uma quase totalidade da doutrina "ocidental" (utilizamos, aqui, a acepção de Zaffaroni), tem-se que, na prática, ou seja, na verificação empírica de tal ensinamento, seja quando de uma análise pelo viés legislativo, seja pela ótica judiciária ou executiva, a prisão provisória, cada vez mais, torna-se um instrumento corriqueiro, banalizado em salas de audiência e aceito pela população como uma arma eficaz de combate ao crime.

1.8. Panorama atual

"Já agora a atuação de nossos sistemas penais caracteriza um genocídio em andamento".[98]

Para corroborar a infeliz constatação realizada em item supra, e no sentido de buscar-se um mínimo entendimento dos motivos que levam à banalização da prisão provisória em uma "Sociedade Democrática de Direito", vale se ater, inicialmente, à (ausência de) política legislativa de nosso País.

Nos últimos quinze anos (1988-2003) o Brasil sofre com a absoluta falta de diretrizes no que tange à questão da segurança pública; após a promulgação de uma Constituição Federal que alça o cidadão ao patamar de ente máximo a ser tutelado,[99] nosso Poder Legislativo, por vezes de forma alternada, por vezes concomitantemente,

---

[98] ZAFFARONI, Eugênio Raúl. *Em busca das penas perdidas*, p. 123.

[99] Neste sentido é de se perceber que a Constituição passada cuidava dos direitos e garantias individuais junto ao artigo 163, enquanto a atual Carta política trouxe tais assuntos para seu artigo 5º; referido deslocamento demonstra a importância que o cidadão passa a deter em nossa sociedade.

adota políticas de máxima repressão ao ato criminoso e àquele que o realiza (v.g. Lei 8.072/90; Lei 9.034/95, dentre outras), e políticas de repressão mínima ao delito e ao delinqüente (v.g. Lei 9.099/95; Lei 9.714/98,[100] etc.), ou seja, cria leis extravagantes sem utilizar para tanto critérios que se expliquem através da ciência (empírica ou dogmática[101]) e do raciocínio lógico. Consoante Nilo Batista, referindo-se ao anteprojeto do novo código penal,

> "(...) é elogiável que o Ministro Gregori se refira ao direito penal legislado na década de 90 como um dos momentos mais dramáticos para o direito brasileiro mencionando não só as febres da emergência (soluções normativas ao sabor dos fatos) como também o encanto de premissas falsas e a distância de qualquer técnica legislativa (item 4), e tanto mais elogiável quanto se advirta que tal legislação foi promovida, em sua maior parte, pelo próprio governo ao qual serve (...)".[102]

---

[100] Ignoram-se, com tal afirmação, as discussões travadas quanto às leis em destaque, ou seja, passa-se ao largo das querelas quanto ao caráter de controle social que a criminalização de delitos de "menor potencial ofensivo" significa ou, ainda em referência ao exemplo do texto, quanto à ilegitimidade de se criminalizar uma conduta que mereça somente penas como "prestação de serviços à comunidade"(típica "obrigação de fazer" do direito civil) ou "multa" (obrigação de dar); o que se marca, citando-se tais leis, é que, muito embora representem uma continuidade do controle social penal, significam uma mitigação dos rigores de tal disciplina; considerando, ainda, o efeito social e cultural que as mesmas causam no seio de nossa sociedade, depreende-se que, pouco a pouco, as situações sinaladas em tal diploma poderão sofrer, em futuro próximo, um verdadeiro processo de descriminalização.
[101] Tal afirmação faz-se, principalmente, em relação às leis de "máxima repressão ao delito e ao delinqüente"; nesta seara, é de se observar que, empiricamente, ditos diplomas em nada reduziram as taxas de crimes ali insculpidos (seqüestro, latrocínio, crime organizado para tráfico de entorpecentes, etc.) e, cientificamente, há muito se comprova que o aumento do lapso temporal de uma pena privativa de liberdade não se presta ao caráter de prevenção geral que lhe atribuem. Pelo contrário, e Beccaria já citava tal argumento – ou seja, não é algo "novo" – , o desviante, ao realizar sua empreitada criminosa, o faz com vistas à impunidade, acreditando que não será objeto de punição. Desta maneira, a efetividade da pena, ainda que curta, gera melhores efeitos do que a mera previsão de uma pena extensa.
[102] BATISTA, Nilo, em missiva enviada à Sra. Viégas. Deve-se destacar, entretanto, que o referido autor posiciona-se, por argumentos com o quais concordamos, de maneira desfavorável ao novo Código.

O fenômeno acima retratado, infelizmente, não se limita às fronteiras do Brasil, tornando-se latente em uma quase totalidade dos países ocidentais, criando o fenômeno denominado "panpenalismo". A já proclamada *falência da pena de prisão*, assim como a globalização econômica, a crescente iniqüidade da distribuição de renda, a cultura do consumo desenfreado,[103] enfim, a complexidade das relações humanas e sociais tornam, por óbvio, a sociedade atual um sistema mais intrincado do que em tempos pretéritos, assim como mais distante do ideal Iluminista (igualdade, liberdade e fraternidade) preconizado no século XVII. Não bastasse este quadro, tem-se ainda que, através desta diversidade de reações estatais ao fenômeno da delinqüência, o cidadão, teoricamente tido como alvo principal de preocupação e tutela de nossa lei maior, acaba por ser atingido naquilo que tem de mais precioso, qual seja a confiança na seriedade e eficácia do Estado em lhe fornecer proteção material e jurídica. A falta de uma política criminal adequada acaba impondo à sociedade um "medo coletivo difuso",[104] desunindo cidadãos e repartindo culpas e responsabilidades sobre os ombros de quem, efetivamente, é uma simples e manipulável peça de interesse eleitoral – o "povo".

Os canais midiáticos, por sua vez, contribuem para o crescimento deste "pavor (in)consciente" da população. Santos, analisando o panorama onde o México hoje se encontra, e demonstrando a transnacionalização do problema, declara:

---

[103] Quanto à questão do consumo, nada custa relembrar-se o pensamento de GALEANO, Eduardo. *La Escuela del Crímen*:: "En el mundo sin alma que se nos obliga a aceptar como único mundo posible, no hay pueblos, sino mercados; no hay ciudadanos, sino consumidores (...) Los avisos proclaman que quien no tiene, no es(...)al apoderarse de los fetiches que brindan existencia a las personas, cada asaltante quiere ser como su víctima(...)La invitación al consumo es una invitación al delito (...)".
[104] BITENCOURT, Cezar Roberto. *Juizados Especiais Criminais e Alternativas à Pena de Prisão*, p. 37.

"(...) en no pocas ocasiones los medios de información, en un ejercicio exagerado y abusivo de su función, nos han enterado com lujo de detalles de crimenes ocurridos en diferentes latitudes. En no pocas ocasiones las notas informativas van acompañadas del reclamo y afrenta a la autoridad del por qué no se impone una 'ya basta' a la delincuencia".[105]

Em nosso país, exemplos de tal situação não faltam; destaca-se, apenas em caráter ilustrativo, a capa de revista de alta circulação nacional, onde se realiza o questionamento: "Bandido bom é bandido morto?".[106]

A mídia, atuando desta maneira, transforma-se em instrumento informalizado de exercício de controle social; neste sentido, Neder, citada por Carvalho, observa que

"(...) esta imprensa sensacionalista está a cumprir um papel inibidor-repressivo, exibindo um horror cotidiano. Com a produção imagética do terror apresentando diariamente mutilações e com a presença de um discurso minudente, detalhista, das atrocidades sofridas pelo 'condenado', a banca de jornal como a praça oferece às classes subalternas, comprovadamente consumidoras preferenciais desta imprensa sensacionalista (de mau gosto para as elites) elementos de controle social informal, de alguma forma eficaz".[107]

Tal panorama se ajusta, dentre outras funções, para fins maniqueístas de mídia governamental, eis que "retira" do Estado a responsabilidade que lhe é inerente no que tange à manutenção da ordem social. O cidadão comum, alarmado pelas "crescentes taxas de criminali-

---

[105] SANTOS C. Miguel Angel, Derechos Humanos y Derecho Penal: una vision desde Chiapas, p. 3.
[106] Capa da revista *Superinteressante*, edição 171, posta em circulação no mês de dezembro/2001.
[107] NEDER, Gizlene, *apud* CARVALHO, Salo de. *Pena e Garantias*: Uma Leitura do Garantismo de Luigi Ferrajoli no Brasil, p. 2.

dade",[108] assim como pela impunidade que campeia nosso País, muito embora tenha uma espécie de "semi(sub)consciência" do verdadeiro responsável por tal situação (Estado), acaba acreditando que a única solução viável para resolver o problema da violência é a adoção de uma política penal de repressão máxima ao indivíduo ("tolerância zero"), ou seja, ao invés de pleitear perante seu "Leviatã" aquilo que lhe é de Direito (implementação de políticas sociais, no molde do *welfare state*), passa a clamar por um processo penal destituído de garantias básicas ao cidadão (liberdade provisória, por exemplo), e que imponha penas graves ao delinqüente (dentre elas a própria pena de morte), além de regredir aos sistemas bárbaros de retaliação. Para a *vox populi*, o Direito Penal e o Direito Processual Penal adquirem caráter de "remédio social", ocupando lugar reservado à política social, agrária, educacional, hospitalar, dentre várias outras e, consoante Carvalho, "(...) da banalização festiva da violência decorre a banalização rústica da resposta estatal".[109]

Voltando-se aos dizeres de Santos, este panorama

> "(...) es parte de una politica criminal mal encausada que se enfoca en la aplicación del derecho penal como remedio exclusivo para la prevención y combate de la delincuencia. En función de esa política, se legisla y se sacrifican los derechos humanos de los ciudadanos. La estabilidad y la seguridad social merecen el sacrificio de derechos para aquellos ciudadanos que atentan contra el orden establecido, es la lógica".[110]

---

[108] Neste sentido, BITENCOURT, Cezar Roberto, em *Juizados Especiais Criminais*, p. 29, esclarece que, atualmente, a "(...) criminalidade e violência ocupam o centro das preocupações de todos os segmentos da sociedade brasileira".
[109] CARVALHO, Salo de. *Penas e Garantias*: Uma Leitura do Garantismo de Luigi Ferrajoli no Brasil, p. 2.
[110] SANTOS C., Miguel Angel. *Derechos Humanos y Derecho Penal*: una vision desde Chiapas, p. 3.

A grave conseqüência de se primar por uma política de "bem-estar social" em detrimento de direitos e garantias individuais do cidadão sofreu a devida crítica por parte de Moreira de Oliveira:

> "conferir prioridade ao coletivo, contra garantias básicas que a ordem jurídica cristalizou em favor das pessoas, significa aceitar a insegurança e, consequentemente, a injustiça, aviltando os cidadãos e criando lesões irreparáveis a seus direitos (...) Um suposto interesse geral, a preponderar sobre as prerrogativas das pessoas, na verdade, servirá, somente para proporcionar o renascimento do totalitarismo do estado (...) O despostimo quase sempre se mascara, hipocritamente, com as cores do interesse geral (...) O pior governante, sem dúvida, é aquele que se apresenta invocando os sadios interesses do povo para realizar uma verdadeira interpretação da vontade coletiva, restringindo, desta forma, a independência do Judiciário (...)".[111]

Pode-se perceber, claramente, que o "estado de emergência" hoje existente é procurado pelo Estado como forma de controle social. Retrato desta manipulação de interesses é a própria ânsia legiferante que assola nosso Poder Legislativo; este, em franca cooperação com os interesses do Executivo, e animados com a omissa aquiescência de setores do Judiciário, cria, a cada novo problema que surge, a cada nova reação social contra o delinqüente, tipos iníquos, inconstitucionais e sem utilidade prática, visando, tão-somente, a demonstrar o "esforço governamental" na busca de uma "solução adequada e enérgica ao problema".

No entanto, ainda que proposital, esta linha política adotada pelo Estado no trato da criminalidade (tolerância zero) acaba esvaindo-se em um problema sem solução, eis que as novas leis, redigidas com intuito

---
[111] MOREIRA DE OLIVEIRA, Marco Aurélio Costa. Intervenção Mínima do Direito Penal. In: *Informativo do ITEC*, ano 1, n. 2, 1999.

meramente simbólico, acabam, *por absoluta inépcia do meio*, aumentando a descrença do cidadão no Estado como fonte racional e civilizada de resolução de conflitos.[112] Seguindo tal esteira de pensamento, Bittencourt, em breve comentário ao princípio da intervenção mínima do Direito Penal, acaba por traçar contundente e verdadeira análise do panorama ora ventilado, informando que

"os legisladores contemporâneos, tanto de primeiro como de terceiro mundo, têm abusado da criminalização e da penalização (...) levando ao descrédito não apenas o Direito Penal, mas também a sanção criminal que acaba perdendo sua força intimidativa diante da 'inflação legislativa' reinante nos ordenamentos positivos".[113]

O resultado deste acúmulo de frustrações por parte do cidadão (primeiro, frente ao "estado de emergência" – suposto desrespeito de cidadão contra cidadão – e, depois, frente à inoperância da resposta estatal) acaba por trazer à tona uma das mais antigas e odiosas formas de retaliação ao delito e ao delinqüente, qual seja a perseguição privada aos mesmos, hoje devidamente retratada em linchamentos, perseguições populares, empresas de segurança privada onde lê-se, em automóveis, os dizeres "escolta armada" e "resposta armada e imediata", etc. Nesta seara, vale destacar-se o entendimento de Gauer:

"(...) a violência deixa transparecer uma reivindicação de ordenamentos sociais mais justos – como se sabe, o conceito de justo (conceito relativo, mas sempre dotado de valor) é eminentemente arbitrá-

---

[112] Neste sentido, CARVALHO, Salo de, em Manifesto Garantista, *Informativo do ITEC*, ano 1, n.2, 1999, entende que o Estado deverá primar pela qualidade e utilitariedade de suas normas e leis, eis que, em seus dizeres, afirma "(...) as regras e as sanções jurídicas continuam sendo a possibilidade mais concreta e viável de negação da barbárie e afirmação progressiva e constante do processo civilizatório".
[113] BITENCOURT, Cezar Roberto. *Juizados Especiais Criminais*, p. 32.

rio – e, por outro lado, denuncia a impotência do Estado, que não consegue cumprir o seu projeto (muitas vezes mais anunciado que desejado) de unificar e equilibrar a sociedade".[114]

O fenômeno é observado, também, junto ao continente europeu, e exemplo disso encontra-se, formalmente reconhecido pelo "Estado", quando se observa a exposição de motivos do novo Código de Processo Penal português, em trecho abaixo destacado:

"(...) Tudo, de resto, se agravando com a desconfiança generalizada dos cidadãos quanto à idoneidade da justiça formal prestada, num processo de afastamento que se alimentava em espiral e induzia à procura de soluções informais de autotutela, de desforço ou vindicta (...)".[115]

Se no campo social as conseqüências significam um retorno ao estado de barbárie, no campo jurídico, por sua vez, a ineficiência estatal ora retratada traduz-se, como visto, na exigência de um processo penal cuja resposta também se opere de forma imediata, passo este que se traduz no implemento das formas pelas quais se ultrapassam os direitos básicos do cidadão em prol da "tranqüilidade pública".

Delmanto Júnior, corroborando a existência do "estado de emergência" assim como de seus nefastos efeitos, explicita:

---

[114] GAUER, Ruth M. Chittó. Alguns Aspectos da Fenomenologia da Violência. In: GAUER, Gabriel J. Chittó; GAUER, Ruth M. Chittó. *A Fenomenologia da Violência*, p. 27-28. A autora continua seu raciocínio e aponta um temível, mas, infelizmente, verificável abalo da estrutura social, expondo a idéia de que "(...) quando o Estado não consegue mais manter o controle social, por não conseguir controlar e disciplinar as pequenas e as grandes infrações, a ordem social sofre rupturas que impedem a continuidade e regularidade desejáveis. Perde-se, assim, o controle dos indivíduos, que são o sustentáculo da sociedade, uma vez que a constituição da cidadania relaciona-se com a interiorização do indivíduo como o centro da ética social moderna. Baseados nesta premissa é que podemos afirmar que, quando deixamos de reconhecer no outro, seja qual for a situação social desse outro, o direito de cidadão, quebramos a estrutura básica de nossa sociedade (...)".
[115] *Código de Processo Penal Português*. Introdução.

"Tudo isso gera um forte clima emergencial, o maior inimigo dos Direitos Humanos. Quando o Estado é chamado a dar resposta a essas 'emergências', surgem delicados problemas de equilíbrio entre o processo penal e a tutela da vida, da incolumidade, da honra etc. daqueles cuja culpabilidade (...) acerca de determinado crime está sendo questionada. São nos momentos de emergência, como esses, que idéias de que sacrifícios devem ser feitos aparecem, como na afirmação: *à la guerre comme à la guerre*".[116]

Continua o autor, em conclusão a tal raciocínio, demonstrando que "nesse contexto, a prisão provisória se apresenta como um remédio, um analgésico, de efeito quase que imediato".[117]

Faz-se, então, o questionamento: se, atualmente, o sistema inquisitorial levado a cabo em séculos pretéritos, com seu modelo penal e processual penal, parece-nos por demais aterrador, verdadeiro retrato da barbárie e intolerância jurídica, qual o motivo do recrudescimento acima retratado? *Existirá um outro caminho?*

---

[116] DELMANTO JÚNIOR, Roberto. *As modalidades de prisão provisória e seu prazo de duração*, p. 10-11.
[117] Id. ibid.

2. Modelo garantista, a Constituição brasileira e a prisão em flagrante

2.1. Processo Penal garantista

"É dever intelectual proclamar a impossibilidade da guerra. Mesmo se não existem soluções alternativas".[118]

O movimento denominado Garantismo nasce como instrumento de "(...) minimización de la violencia y del arbitrio punitivo y de maximización de la libertad y la seguridad de los ciudadanos".[119] Para tanto, e sem esquecer que a justificativa de existência de um processo encontra-se junto à legitimidade do direito de punir, perquire sobre quais os elementos que possam servir à justificação de uma teoria penal.

Nesta seara, o modelo garantista, em um primeiro momento, analisa a escolha dos valores a serem preservados em uma determinada sociedade, assim como escolha dos meios a serem utilizados para tal preservação. Seguindo-se, faz mister distingui-lo das teorias de motivação e função da pena, no intuito de afastar justificações ideológicas, priorizando, conseqüentemente, a separação entre direito e moral, ou seja, buscando a

---
[118] ECO, Umberto. *Pensar a Guerra*, em *Cinco Escritos Morais*, p. 26.
[119] FERRAJOLI, Luigi. *Derecho y Razón*: teoria del garantismo penal, p. 341.

fundamentação ético-política da criminalização de conduta e imposição de pena.

Indo além, um modelo garantista deve atinar-se à verificação de correspondência entre meios e fins, sendo que, neste viés, os meios devem ser empiricamente realizáveis somente através das penas (princípio da necessidade), impondo, ainda, a verificação do ponto de vista externo dos destinatários destas.[120] A relação empírica entre meios penais e fins extrapenais deve resultar consistente, ou seja, o direito penal deve se justificar, consistentemente, como proteção necessária a bens extrapenais.

De tais observações surge, como corolário lógico ao modelo garantista, uma relação de proporcionalidade entre o mal produzido pelas penas e o bem perseguido através da aplicação das mesmas. Em suma, deve – a pena – ser justificada não só por sua necessidade, mas também por sua natureza e medida, consagrando-se, aqui, o princípio da proporcionalidade. Por fim, o garantismo deve primar pelo oferecimento de justificações relativas e condicionadas; esta justificação será realizada *a posteriori*, verificando-se, em cada caso, a realização satisfatória do bem extrajurídico através da ponderação deste com os meios penais empregados.

Para Ferrajoli, os elementos acima podem servir tanto como fonte de legitimação como fonte de não-legitimação da doutrina penal, e é esta dualidade que diferencia um "modelo de justificação" de uma "ideologia de legitimação". O modelo deve ser idôneo para sinalar as condições nas quais o direito penal estará devidamente justificado, e nas quais não estará, afastando de tal verificação o simples exercício apriorístico, tradicionalmente ideológico.

---

[120] Aqui reside, também, um mérito das escolas abolicionistas, neste sentido, "Y como el punto de vista externo de los abolicionistas es comprensivo del de los destinatarios de las penas, tambíen respecto de él habrán de resultar moralmente satisfactorias y antes aún lógicamente pertinentes las justificaciones ofrecidas". (FERRAJOLI, Luigi. *Derecho y Razón*: teoria del garantismo penal, p. 252).

Revigorando a crítica de que as doutrinas utilitaristas apenas refletem o bem dos não-desviantes, utilizando os desviantes para tanto mas sem preocupar-se com os mesmos (prioridade do "bem-estar social" sobre os Direitos individuais), o garantismo explicita a necessidade de recorrer-se a um segundo parâmetro que, utilizado em conjunto com o acima (bem-estar social), poderá legitimar uma doutrina de apenamento; neste sentido, lança o aforismo "(...) máximo bienestar posible de los no desviados (...) el mínimo malestar necesario de los desviados".[121]

Reside aqui a pedra angular do Garantismo. Ferrajoli coloca esta preocupação com o desviante como o elemento faltante para legitimação do direito penal. Em suma, protege a vítima ao estabelecer condutas proibidas e impor penas às mesmas, e protege o delinqüente, ao não torná-lo alvo de uma punição desmedida por parte do lesado. A pena não é apenas um meio, mas um fim, na medida em que miniminiza uma reação desmesurada e violenta ao delito.

A fundamentação da teoria remonta ao próprio contratualismo, na medida em que a pena é retrato da socialização dos indivíduos que, abdicando da vingança privada (defesa natural presente no estado da natureza), concedem ao Estado o direito de retribuição ao delito. Desta forma, na medida em que o Estado deixa de agir, frustra tal concessão, retornando o *ius puniendi* ao particular. Justifica-se, pois, a imposição da pena estatal como forma de garantia ao desviante. Tem-se, então, que o direito penal, monopolizando através do Estado o direito de punir, torna-se a negação da vingança privada.

Neste sentido, com a pena sendo justificada através de um "retribucionismo garantista", desloca-se o fim de prevenção geral da pena (a condenação servindo como um desestímulo aos outros delinqüentes) para o tipo (a pena em abstrato a impor a temeridade de se adotar a

---

[121] FERRAJOLI, Luigi. *Derecho y Razón*: teoria del garantismo penal, p. 356.

conduta proibida), e, desta forma, a sociedade continua como elemento fundante e legitimador deste direito. Entretanto, não bastasse esta prevenção geral quanto aos delitos (a existência de uma regra penal em nome da sociedade), também se configura uma prevenção contra a adoção de medidas arbitrárias e desconformes contra o desviante.

Em verdade, concorda-se com Zaffaroni quando este explicita que, "(...) diante da evidente carência de poder da agência judicial para abolir o sistema penal e substituí-lo por mecanismos de solução de conflitos (paralelamente à Cruz Vermelha, que não tem poder para acabar com os conflitos bélicos), as agências judiciais, como objetivo imediato, devem agir de conformidade a um discurso que estabelece os limites máximos de irracionalidade tolerável na seleção incriminadora do sistema penal",[122] ou seja, no processo de criminalização da pessoa devem restar afastados, em seu limite máximo, todos os aspectos que reneguem a razão e se fulcrem nos elementos subjetivos existentes na sociedade, no acusado, no acusador e, por fim, no julgador.

Se o direito penal traz em si a preocupação em preservar, também, o desviante, afastando a irracionalidade do processo de criminalização e punição, tem-se que seu corolário, o processo penal, deve objetivar a concretização de tal fim, passo este que se realiza através do sistema acusatório. Retoma-se, pois, a dupla função do processo, ou seja, além de instrumento de aplicação da lei, é, também, o *limitador do abuso punitivo.*

Percebe-se que a justificativa do garantismo ocorre através da revitalização do ideário Iluminista em relação ao Indivíduo. Neste sentido, torna-se mister, em um primeiro momento, adotar-se a posição de Rouanet, citada por Carvalho, onde o termo "Iluminismo" não se adstringe a uma determinada era mas, ao contrário, signifique "(...) um modelo crítico de produção do saber, questionador de todos os valores transcendentes e com-

---

[122] ZAFFARONI, Eugenio Raúl. *Em busca das penas perdidas*, p. 233.

batente de todas as instâncias que promovem a infantilização do homem".[123] Desta forma, e entendendo que "(...) as correntes contra-iluministas infantilizadoras corresponderiam a toda e qualquer estrutura de saber/poder que concebe o homem como descartável, negando a primazia da pessoa e dos direitos, em defesa de determinada concepção verticalizada e anti-secular da sociedade (...)",[124] percebe-se que o garantismo visa à preservação dos Direitos Fundamentais adquiridos pelo homem no correr de sua história – ainda que "(...) numa realidade extremamente complexa que caminha em sentido contrário"[125] – ultrapassando as fronteiras do direito penal e adentrando em defesa de um verdadeiro sistema político, social e jurídico que privilegie o indivíduo e sua relação para com o ambiente que o cerca. Neste sentido, uma das assertivas que melhor encerra os objetivos de tal ideário é a de que se deve defender "um direito penal mínimo e um direito social máximo".

Deve-se atentar que se acredita ser possível o resguardo de interesses que, em princípio, aparecem como tensionados. Consoante Goldschmidt, o processo penal é um excelente retrato do grau civilizatório de uma sociedade.[126] Desta maneira, quão melhor atendidos os direitos sociais, quão melhor for o grau de cultura de um povo, mais robusta será a aceitação do valor individual, maior será a capacidade de tolerância e, conseqüentemente, mais eficazes serão os instrumentos de garantia dos direitos fundamentais do homem.

Em sede processual, as idéias garantistas, consoante Lopes Júnior, voltam-se à dupla função que origina o instituto, quais sejam a viabilização do apenamento e a limitação da atividade estatal; é meio e fim desta última, devendo-se prestar ao resguardo dos Direitos Funda-

---

[123] CARVALHO, Salo de. *Pena e Garantias*: Uma Leitura do Garantismo de Luigi Ferrajoli no Brasil, p. 81.
[124] Idem, p. 82.
[125] Idem, p. 83.
[126] GOLDSCHMIDT, James. *Principios Generales del Proceso, problemas jurídicos y políticos del proceso penal*.

mentais do indivíduo já positivados em Constituições Nacionais. Consoante o autor,

"(...) a democracia é um sistema político-cultural que valoriza o indivíduo frente ao Estado e que se manifesta em todas as esferas da relação Estado-Indivíduo. Inegavelmente, leva a uma democratização do processo penal, refletindo essa valorização do indivíduo no fortalecimento do sujeito passivo do processo penal".[127]

A devida proteção a ser fornecida ao indivíduo reflete suas conseqüências, de forma imediata, junto à espécie de verdade que o processo deverá buscar enquanto instrumento e limite do *ius puniendi*. Ferrajoli, neste sentido, afirma: "(...) el modelo penal garantista equivale a un sistema de minimización del poder y de maximización del saber judicial, en cuanto condiciona la validez de las decisiones a la verdad, empirica y lógicamente controlabe, de sus motivaciones".[128]

Tal sistemática, denominada "cognoscitivismo processual", fulcra suas bases no poder de verificar-se e refutar-se a hipótese acusatória, derivando, daí, um modelo processual onde a busca de uma verdade empiricamente controlável significará o respeito aos Direitos individuais. O acusado é um sujeito de Direitos, parte processual, e não mero objeto de investigação; otimiza-se o sistema acusatório através de uma maximização de seus princípios, principalmente o da proporcionalidade, presunção de inocência, separação de funções de imparcialidade do julgador. Voltando-se a Ferrajoli, "(...) en el modelo garantista se invierte la idea de que el fin de la verdad justifica cualquier medio, de modo que es únicamente la naturaleza del medio lo que garantiza la obtención del fin".[129]

---

[127] LOPES JÚNIOR, Aury. *O Fundamento da Existência do Processo Penal*: Instrumentalidade Garantista, p. 4.
[128] FERRAJOLI, Luigi. *Derecho y Razón, apud* LOPES JÚNIOR, Aury. *O Fundamento da Existência do Processo Penal*: Instrumentalidade Garantista, p. 5.
[129] FERRAJOLI, Luigi. *Derecho y Razón*: teoria del garantismo penal, p. 608.

2.2. Constituição e garantismo

Como já salientado, as idéias de liberdade, igualdade e fraternidade acabaram por fornecer ao direito penal um caráter de racionalidade e, conseqüentemente, de menor danosidade ao indivíduo, eis que este passou a contar com direitos que serviam de obstáculo à intervenção estatal, limitando esta última frente às liberdades individuais. Sobre tal entendimento é que se fulcra a matiz garantista. Entretanto, o Iluminismo não traz consigo, apenas, a mudança de pensamento material. Indo além, carrega a semente de uma nova ordem jurídica enquanto conjunto de regras formalizadas pelo Estado, sendo o constitucionalismo uma de suas maiores marcas neste terreno.

Na medida em que o pensamento político sofre profundas alterações, estabelecendo-se em torno e em prol do indivíduo enquanto valor máximo a ser preservado, tem-se que o mesmo, e os valores que o acompanham, não mais se expressam sem a devida proteção de estruturas jurídicas, tradicionalmente mas, não necessariamente, positivadas em uma Constituição. Desta maneira, os "limites à intervenção estatal" acima referidos, no mundo jurídico, passam pelo fenômeno da positivação de seus princípios e normas, ocorrendo uma adequação entre o querer político e o poder jurídico, este último servindo como limitador ao primeiro.

Mister frisar que o termo "Constituição", consoante sinala Canotilho, pode ser utilizado através de três distintos vieses: o primeiro, "(...) em sentido amplo e descritivo para designar a estruturação do poder ou 'corpo político' de uma comunidade"[130] revelando-se "(...) como uma espécie de realidade social e o conceito de constituição nada mais é do que o conceito 'empírico-descritivo' dessa realidade";[131] o segundo, em sentido

---
[130] CANOTILHO, J.J. Gomes. *Direito Constitucional e Teoria da Constituição*, p. 1093-1094.
[131] Id., ibid.

mais estrito, como sendo um "documento normativo ao qual se dá o nome de constituição".[132] Desta segunda visão se depreende que "(...) o uso de constituição como documento transporta já dimensões valorativas",[133] surgindo, daí, o terceiro viés, qual seja "(...) o uso valorativo de constituição".[134]

Por tais assertivas, torna-se fácil visualizar o fato de que a Constituição positivada se refere a documento cujas normas refletem os valores políticos do corpo social que o teceu. Necessita, pois, legitimidade formal, eis que instrumento jurídico apto à realização de um fim, mas, também e necessariamente, legitimidade material, ou seja, deve ser – tal instrumento – utilizado em acordo com os valores erigidos ao patamar de "fundamentais". Nesta seara, retornando a Canotilho, "(...) a constituição é um conjunto de regras jurídicas de valor proeminente porque estas são portadoras de determinados conteúdos aos quais é atribuído numa comunidade um 'valor específico superior".[135]

Em acordo com este entendimento, alerta-se para o enfoque sobre o qual deve recair a exegese dos princípios constitucionais insculpidos em nossa Magna Carta. Nos dizeres de Carvalho, "(...) visto a evidência de normas constitucionais inconstitucionais, frente às hierarquizações de normas no seio do estatuto, e de Direitos que transcendem a própria Constituição(...)",[136] o que se busca é uma leitura Constitucional que esteja em consonância com os postulados de historicidade, inalie-

---

[132] CANOTILHO, J.J. Gomes. *Direito Constitucional e Teoria da Constituição*, p. 1093-1094.
[133] Id., ibid.
[134] Id., ibid.
[135] Idem, p. 1095. Continua o autor: "Como se vê, a constituição normativa, para se qualificar como um conceito de 'dever ser', ou, por outras palavras, para ser qualificada como conceito de valor, não se basta com um conjunto de regras jurídicas formalmente superiores; estas regras têm de transportar 'momentos axiológicos' corporizados em normas e princípios dotados de bondade material (garantia de direitos e liberdades, separação de poderes, controlo do poder, governo representativo)".
[136] CARVALHO, Salo de. *A Política Criminal de Drogas no Brasil. Do discurso oficial às razões de descriminalização*, p. 10.

nabilidade, imprescritibilidade e irrenunciabilidade que caracterizam a existência de um "direito fundamental".[137]

Compreendida a Constituição como sendo a verdadeira "Lei Maior", não apenas no plano normativo-formal mas, principalmente, no plano material, frente às garantias substanciais que a mesma visa fornecer, depreende-se que, ao se versar sobre "direito constitucional", estar-se-á versando não apenas sobre os direitos ali garantidos mas, também e substancialmente, sobre um instrumento jurídico que possibilita aos indivíduos, enquanto informador e vinculador dos atos do Estado, a defesa de tais direitos, ou seja, ultrapassa-se o conceito que define a Constituição como "carta de intenções", fornecendo-lhe, também, e significativamente, um caráter instrumental.

Historicamente, estando a hermenêutica constitucional atrelada ao nascimento de um novo pensar político e social, e considerando que os valores constitucionais "(...) só existem se e na medida em que os cidadãos, na qualidade de sujeitos falantes pertencentes a espaços comunicativos, lha atribuem em termos intersubjectivos (...)",[138] tem-se que o postulado máximo do humanismo, qual seja a liberdade, norteou a escolha dos princípios a serem protegidos constitucionalmente, positivando regras que traziam por objetivo maior a impor ao Estado "(...) um dever de abstenção – ou seja, direitos '(...) asseguradores de uma esfera de ação pessoal própria, inibidora da ação estatal, de modo que o Estado os satisfaz por um abster-se ou não atuar'".[139]

Não obstante tais conclusões, certo é afirmar que a própria complexidade do mundo atual gerou – pelo menos – mais duas gerações de direitos. Com o advento

---

[137] Para averiguação mais aprofundada quanto aos postulados, ver PEÑA DE MORAES, Guilherme. *Direitos Fundamentais, Conflitos e Soluções*, p. 27.
[138] CANOTILHO, J.J. Gomes. *Direito Constitucional e Teoria da Constituição*, p. 1095.
[139] PEÑA DE MORAES, Guilherme. *Direitos Fundamentais, Conflitos e Soluções*, p. 28.

da sociedade industrial, pode-se falar no embrião que culmina com o conceito de *Welfare State* e, já em fim/início de século XXI, constata-se a existência de direitos transindividuais, que afetam, como a própria nomenclatura afirma, os interesses sociais *lato sensu* (ecologia, etc.).

Ante esta afirmada complexidade, não são poucos os que atestam a falência do paradigma liberal-iluminista na produção e concretização dos Direitos. Para estes, a norma constitucional – e tal assertiva engloba, como conseqüência, o papel do direito penal – deixa de ser um simples obstáculo à ação do Estado e passa a ser, preferencialmente, um condutor para que este mesmo Estado, através do ordenamento jurídico, implemente as políticas sociais oriundas destas novas gerações de Direitos (menos liberdade por mais igualdade).

Acreditamos, porém, que esta espécie de pensamento surge da visão dicotômica entre Estado Liberal e Estado Social ou, melhor dizendo, da crença na impossibilidade em coadunar-se a limitação do poder Estatal (direitos fundamentais observados pelo viés negativo, de abstenção) com a exigência de que este mesmo Estado disponibilize, através de ação direta, um maior "bem-estar" social (direitos fundamentais observados pelo viés positivo, de prestação).

Tal dicotomia, não obstante posições em contrário, é fictícia. Como salienta Sarlet, mesmo em uma Democracia o cidadão necessita de direitos de defesa, eis que "(...) também a democracia não deixa de ser exercício de poder dos homens sobre seus semelhantes, encontrando-se exposta às tentações do abuso de poder";[140] desta forma, ainda que os Direitos Sociais sejam marcados pela "(...) tarefa de colocar à disposição os meios materiais e implementar as condições fáticas que possibilitem o efetivo exercício das liberdades fundamentais", deve-se perceber que "(...) os direitos fundamentais a

---

[140] SARLET, Ingo Wolfgang. Os Direitos Fundamentais Sociais na Ordem Constitucional Brasileira. In: *Em Busca dos Direitos Perdidos*, p. 61.

prestações objetivam, em última análise, a garantia não apenas de liberdade-autonomia (liberdade perante o Estado), mas também da liberdade por intermédio do Estado".[141]

O entendimento de que o Estado Social representa, ainda que através de prestações positivas, uma garantia de liberdade ao cidadão, corrobora o antes afirmado, ou seja, a inexistência da dicotomia entre estes dois modelos de direitos e garantias fundamentais. Voltando-se ao entendimento de Sarlet, "(...) no que diz com as relações entre os direitos de defesa e os direitos sociais, notadamente os de cunho prestacional, não há, portanto, como sustentar a tese de uma dicotomia ou dualismo absoluto (...) já que a nossa Constituição – assim como a Portuguesa – indica que a relação entre ambas as categorias de direitos fundamentais é complementar e não reciprocamente excludente".[142]

Superando-se o entendimento dualístico, e rememorando-se a máxima garantista (direito penal mínimo, direito social máximo), conclui-se que, no campo do direito público, notadamente nas garantias individuais, os princípios iluministas permeiam-se por características de imprescritibilidade, irrenunciabilidade e inalienabilidade, continuando, portanto, como instâncias conformadoras de todo o nosso texto legislativo, eis que, pensar de outro modo significa retirar o homem como o centro de preocupação (*lato sensu*) de uma sociedade

Frise-se: muito embora o conceito de "bem jurídico" tenha sofrido trasnformações no decorrer da evolução social, deve-se entender que as mesmas significam *adições* aos conceitos Iluministas, e, jamais, negação dos mesmos. Desta forma, ainda que se verse sobre direitos sociais ou transindividuais, a atuação do direito penal e do direito processual penal continua atrelada à proteção de direitos e garantias individuais, ou, em outros ter-

---
[141] SARLET, Ingo Wolfgang. *Op. cit.*, p. 63.
[142] Idem, p. 70.

mos, tanto o direito substantivo quanto processual, em dita esfera, continuam marcados pelo paradigma liberal dos séculos renascentistas.

No caso da Constituição brasileira, o artigo 1º informa que "A República Federativa do Brasil (...) constitui-se em Estado Democrático de Direito (...)".[143] Adota-se, pois, como princípio delineador de todas as demais regras a serem observadas, o ideal de uma sociedade Democrática de Direito, ou seja, uma sociedade onde os direitos individuais detêm primazia sobre as demais regulamentações normativas.

Neste sentido, Grinover, em trecho que também mereceu destaque por parte de Fernandes,[144] ressalta:

> "(...) o importante não é apenas realçar que as garantias do acusado(...)foram alçadas a nível constitucional, pairando sobre a lei ordinária, à qual informam. O importante é 'ler' as normas processuais à luz dos princípios e das regras constitucionais. É verificar a adequação das leis à letra e ao espírito da Constituição. É, como já se escreveu, proceder à interpretação da norma em conformidade com a Constituição. E não só em conformidade com sua letra, mas também com seu espírito (...)".[145]

Verificada a consagração positivada em nossa Carta no que tange ao Estado de Direito, depreende-se que todos os demais princípios constitucionais que incidem sobre a esfera penal e processual penal do direito, assim como as normas infraconstitucionais, deverão, em sua exegese, respeitar a opção política de nosso legislador pela preservação do indivíduo.

Dito isto passa-se, agora, a verificar, ainda que de maneira superficial, quais as garantias eleitas como indeclináveis por nossa Constituição Federal e, neste diapasão, informadoras e conformadoras de todos os

---
[143] *Constituição da República Federativa do Brasil*, artigo 1º.
[144] FERNANDES, Antonio Scarance. *Processo Penal Constitucional*, p. 15.
[145] GRINOVER, Ada P. *As Garantias Constitucionais do Processo*, p. 14-15.

demais ordenamentos jurídicos penal e processual penal brasileiro, sem, contudo, olvidar-se a lição de Zaffaroni, para quem

> "(...) é absurdo pretender que os sistemas penais respeitem o princípio da legalidade, de reserva, de culpabilidade, de humanidade e, sobretudo, de igualdade, quando sabemos que, estruturalmente, estão preparados para os violar todos. O que se pode pretender – e fazer – é que a agência judicial empregue todos os seus esforços de forma a reduzir cada vez mais, até onde seu poder permitir, o número e a intensidade dessas violações, operando internamente a nível de contradição com o próprio sistema, a fim de obter, desse modo, uma constante elevação dos níveis reais de realização operativa desses princípios".[146]

2.2.1. O devido processo legal

A garantia do devido processo legal, elevada à condição de princípio constitucional em 1988, encontra-se insculpida junto ao art. 5º, inciso LIV: "LIV – ninguém será privado da liberdade ou de seus bens sem o devido processo legal";[147]

Abordou-se, anteriormente, a importância do processo enquanto único e inafastável instrumento posto à disposição do Estado para o exercício do direito de punir, tornando-se um meio de defesa do indivíduo contra atuações arbitrárias por parte daquele (garantia biunívoca). Nos dizeres de Fernandes, "(...) é o processo o palco no qual devem se desenvolver, em estruturação equilibrada e cooperadora, as atividades do Estado (jurisdição) e das partes (autor e réu)".[148]

Para Lopes Júnior, "(...)existe uma íntima e imprescindível relação entre delito, pena e processo, de modo

---

[146] ZAFFARONI, Eugenio Raúl. Em busca das penas perdidas, p. 235.
[147] Constituição da República Federativa do Brasil, art. 5º, inc. LIV.
[148] FERNANDES, Antonio Scarance. Processo Penal Constitucional, p. 32.

que são complementares. Não existe delito sem pena, nem pena sem delito e processo, nem processo penal senão para determinar o delito e impor uma pena".[149]

O devido processo legal, como já mencionado, é garantia essencial do indivíduo frente aos arbítrios estatais. Nos dizeres de Greco Filho, citado por Fernandes,

> "(...) é garantia ativa porque, diante de alguma ilegalidade, pode a parte dele utilizar-se para a reparação dessa ilegalidade (...) é garantia passiva porque impede a justiça pelas próprias mãos, dando ao acusado a possibilidade de ampla defesa contra a pretensão punitiva do Estado, o qual não pode impor restrições à liberdade sem o competente e devido processo legal".[150]

Concordando-se com a idéia de que o sistema processual que efetivamente traduz as garantias de um Estado Democrático de Direito é o acusatório, através da separação de funções, elevação do acusado ao *status* de sujeito de direitos, gestão da prova a cargo das partes, imparcialidade do juiz, juiz natural, contraditório, ampla defesa, etc.[151] Entretanto, ainda que sob a égide de um modelo acusatório, o processo penal deve ir além; voltando-se ao entendimento de Lopes Júnior, "Só um processo penal que, em garantia dos direitos do imputado, minimize os espaços impróprios da discricionariedade judicial, pode oferecer um sólido fundamento para

---

[149] LOPES JÚNIOR, Aury. *O Fundamento da Existência do Processo Penal*: Instrumentalidade Garantista, p. 2.
[150] GRECO FILHO *apud* FERNANDES, Antonio Scarance. *Processo Penal Constitucional*, p. 32.
[151] Neste sentido, SUANNES, Adauto, *apud* CARVALHO, Amílton Bueno de. *Nós, Juízes, Inquisidores*, p. 4. esclarece: "Bem vistas as coisas, quem tem necessidade do processo, porque tem um interesse pessoal ameaçado (o interesse de continuar a desfrutar da liberdade) é o suspeito. Ele é que necessita de recorrer ao Estado-juiz para que essa ameaça a seu interesse, que ele reputa legítimo, não se concretize. É o Estado-administração que está questionando e pondo em perigo esta pretensão à liberdade. Logo, há que se encarar o processo como *actum trium personam*, porém sob a ótica de quem dele precisa, que é o titular do direito público à liberdade".

a independência da magistratura e ao seu papel de controle da legalidade do poder".
Continuando-se com o referido autor, tem-se que

"(...) a evolução do processo penal está intimamente relacionada com a própria evolução da pena, refletindo a estrutura do Estado em um determinado período, ou, como prefere Goldschmidt, 'los principios de la política procesal de una nación no son otra cosa que segmentos de su politica estatal en general. Se puede decir que la estructura del proceso penal de una nación no es sino el termómetro de los elementos corporativos o autoritarios de su Constitución. Partiendo de esta experiencia, la ciencia procesal ha desarrollado un número de principios opuestos constitutivos del proceso'".[152]

Justamente pelo fato de uma pena somente existir após a finalização do processo, a discussão que atualmente se ergue junto à doutrina e jurisprudência diz respeito à possibilidade de privar-se a liberdade de alguém antes do momento citado. Muito embora referida discussão abarque, obrigatoriamente, uma análise mais aprofundada dos princípios da proporcionalidade, necessidade e presunção de inocência, pode-se afirmar, desde já, que o aprisionamento do indivíduo sem a formação de sua culpa é possível e encontra-se, inclusive, legitimado (pelo menos sob o aspecto da forma) em nossa Constituição Federal, eis que esta, ao tratar da prisão em flagrante em seu artigo 5º, inciso LXI, assim dispõe: "Ninguém será preso senão em flagrante delito ou por ordem escrita e fundamentada de autoridade judiciária competente, salvo nos casos de transgressão militar ou crime propriamente militar, definidos em lei".[153]

---

[152] LOPES JÚNIOR, Aury. *O Fundamento da Existência do Processo Penal*: Instrumentalidade Garantista.

[153] *Constituição da República Federativa do Brasil*, art. 5º, inc. LXI; interessante ressaltar que a única prisão não decorrente de culpa que nossa Constituição Federal permite de forma expressa é a prisão em flagrante. Muito embora a constitucionalidade das demais "prisões provisórias" não seja objeto do presente trabalho, fica o ponto para discussão futura.

Restando satisfeita a possibilidade formal-constitucional de prender-se antes da formação de culpa, o questionamento, então, versa sobre *quais os motivos que autorizam tal medida*, ou seja, quais os fins a serem alcançados e que legitimam a excepcionalidade frente ao princípio geral do devido processo legal. Busca-se, desta maneira, a *legitimidade material* do instituto.

Verificar-se-á, adiante, que os fins pretensamente legitimadores do aprisionamento sem culpa versam, genericamente, sobre a preservação do próprio feito e que, por isso, as prisões que ocorrem antes do trânsito em julgado de uma sentença condenatória denominam-se, também, "prisões processuais", como uma espécie de contraponto à chamada "prisão definitiva" ou, em outra denominação, "prisão-pena". Surge, deste entendimento, a banalização do instituto.

Nesta senda, ainda que formalmente válida, nossa Constituição prevê a maneira pela qual a prisão ocorre (flagrante ou mediante ordem escrita de autoridade competente) *sem, contudo, explicitar, materialmente, o instituto* ou, em outras palavras, descreve a existência de um instrumento sem definir: (1) o que é flagrante e, (2) quando uma autoridade judiciária poderá ordenar a prisão de um agente.[154] Percebe-se, pois, que *o mandamento Constitucional remete para o legislador ordinário a tarefa de dar complemento substancial à esta norma.*

Para que dita complementação ocorra em acordo com os critérios de nossa Carta Maior, o legislador deverá interpretar a permissão constitucional de prender-se antes da formação de culpa em acordo com demais mandamentos, também de égide constitucional, sendo que, para este específico assunto, ressaltam-se, como princípios diretivos da atividade do legislador

---

[154] Volta-se ao assunto: a "prisão-pena" encontra-se descrita, formal e substancialmente, em nossa C.F.. O problema reside nas prisões-provisórias (preventiva, temporária, etc.), eis que, neste específico caso, não encontra-se, em nossa Carta, definição das mesmas, passo este que, afirma-se novamente, pode levar ao entendimento de que a única prisão "sem culpa" admitida pela ordem constitucional é a prisão em flagrante.

ordinário, a presunção de inocência, a proporcionalidade e a intervenção mínima do direito penal.

Destaque-se: a permissão formal de nossa Constituição, ao mesmo tempo em que *permite* que o legislador ordinário defina, concretamente, as hipóteses em que o instrumento irá incidir, *ordena* que, em tal definição, seja respeitada a harmonia para com demais princípios lá insculpidos, sob pena de transformar-se – a atividade ordinária – em simples arbitrariedade. Nesta linha, Bonavides afirma que "(...) a Constituição consubstancia todos os momentos de integração, todos os valores primários e superiores do ordenamento estatal(...)nenhuma forma ou instituto de Direito Constitucional poderá ser compreendido em si, fora da conexidade que guarda com o sentido de conjunto e universalidade expresso pela Constituição".[155] Surge, daí, a necessidade de analisarmos os demais princípios conformadores da atividade do legislador ordinário no que tange ao aprisionamento sem culpa.

2.2.2. *A presunção de inocência*

O art. 5º, inciso LVII, de nossa Constituição Federal, declara, *in verbis*: "LVII – ninguém será considerado culpado até o trânsito em julgado de sentença penal condenatória".[156]

Através da dicção supra, depreende-se, de forma incontestável, que, antes de findo o processo por força de uma decisão transitada em julgado, o indivíduo deverá ser considerado inocente. Tal passo reflete-se como corolário lógico de um sistema de preservação individual. Se, à luz da inquisição, o acusado era preconcebido como culpado e deveria, neste diapasão, tentar provar sua inocência no curso do processo, tem-se que sob a égide do Estado de Direito, a acusação é que deverá provar, de forma conclusiva, a culpa que atribui

---

[155] BONAVIDES, Paulo. *Curso de Direito Constitucional*, p. 436/437.
[156] *Constituição da República Federativa do Brasil*, art. 5º, inc. LVII.

ao imputado. Ferrajoli, neste sentido, enuncia que "(...) la culpa y no la inocencia debe ser demostrada (...) este principio fundamental de civilidad es el fruto de una opción garantista a favor de la tutela de la inmunidad de los inocentes, incluso al precio de la impunidad de algún culpable".[157]

Entretanto, a exegese do artigo supra proporciona entendimento, ainda encontrado em diversos autores, de que a "presunção de inocência" não se encontra abarcada por nossa Carta Magna,[158] estipulando que o inciso supra-citado descreve apenas um "estado de não culpabilidade". A diferença entre o "não culpável" e o "presumido inocente" é crucial, eis que, optando-se pela primeira alternativa, "(...) a presunção de inocência não transforma o arguido – cujo status se mantém – em inocente, mas opera exclusivamente sobre o regime do ónus da prova".[159] Ao contrário, entendendo-se pela segunda opção, depreende-se, em acordo com Patrício, que

> "(...) se é indiscutível que o princípio da presunção de inocência do arguido opera decisivamente sobre a questão da prova, não é menos verdade, a nosso ver, que esse princípio tem outra significativa incidência no processo penal: impõe que o arguido seja titular de um estatuto e receba um tratamento e uma consideração próprios de alguém que é considerado inocente e que, portanto, está no uso do seu 'jus libertatis' (...)".[160]

---

[157] FERRAJOLI, Luigi. *Derecho y Razón*: teoria del garantismo penal, p. 549.
[158] Neste sentido, MIRABETE, Julio Fabbrini, em *Processo Penal*, p. 252, afirma: "Existe apenas uma tendência à presunção de inocência ou, mais precisamente, um estado de inocência, um estado jurídico no qual o acusado é inocente até que seja declarado culpado por sentença transitada em julgado. Por isso, a nossa Constituição Federal não 'presume' a inocência', mas declara que 'ninguém será considerado culpado até o trânsito em julgado da sentença penal condenatória (...)'".
[159] MAURÍCIO, Artur; PINHEIRO, Rui apud PATRÍCIO, Rui. *O princípio da presunção de inocência do argüido na fase do julgamento no actual processo penal português (alguns problemas e esboço para uma reforma do processo penal português)*, p. 34.
[160] PATRÍCIO, Rui. *Op. cit.*, p. 34.

Frente ao ordenamento pátrio, entendemos que tal celeuma não prospera, eis que o artigo 5º, § 2º, da CF declara, expressamente, que "Os direitos e garantias expressos nesta Constituição não excluem outros decorrentes do regime e dos princípios por ela adotados, ou dos tratados internacionais em que a República Federativa do Brasil seja parte".[161] Considerando-se, então, a validade dos pactos internacionais aos quais nosso país tenha aderido, tem-se que, pela dicção do artigo 8º, inciso I, do Pacto de São José da Costa Rica,[162] a presunção de inocência – e não uma mera presunção de não-culpabilidade – insere-se em nossa principiologia positivada.

A incidência do referido princípio em matéria processual traduz-se em conseqüências junto à (1) regra probatória do feito, passando à acusação o ônus de provar o que alega, à (2) valoração da prova, manifestado, aqui, o brocardo *in dubio pro reu*, e, principalmente, (3) junto à forma pela qual o acusado deverá ser tratado no transcurso do feito, ou seja, como um verdadeiro inocente.[163] Esta última conseqüência, bem se percebe, reflete-se justamente no ponto que versa sobre a possibilidade de prender-se o mesmo antes de findo o processo e declarada sua culpa.

Neste sentido, inobstante o tratamento a ser fornecido ao acusado – e como afirmado em item supra – existem prisões que se realizam antes da formação da culpa do indivíduo. Tais prisões, tradicionalmente erguidas sobre o objetivo de se preservar o processo em si (*lato senso*), dividem a opinião dos doutrinadores quanto à afetação do princípio ora analisado e, nos dizeres de Ibañez,

---

[161] *Constituição da República Federativa do Brasil*, art. 5º, § 2º.
[162] Art. 8º, inciso I, do Pacto: "Toda pessoa acusada de um delito tem direito a que se presuma sua inocência, enquanto não for comprovada sua culpa".
[163] Neste sentido, ver também IBÁÑEZ, Perfecto Andrés. *Garantismo y Proceso Penal*, p. 53. O autor adverte: "Se traduce, asimismo, en regla de tratamiento del imputado, puesto que el proceso penal como medio de intervención actúa sobre personas inocentes".

"(...) la prisión provisional(...)es también un problema. Yo diría que *el problema* por antonomasia del processo penal. Sobre todo del processo penal de los paises que se han dotado de una disciplina constitucional del mismo que gira formalmente en torno al principio de presunción de inocencia".[164]

Parte da doutrina entende, neste diapasão, que o aprisionamento que se efetua mediante a obediência aos fins "processuais" não mitiga a incidência da presunção, eis que não se relaciona com a culpa do sujeito.[165]

Desde já se ressalta que não concordamos com tal posicionamento, destacando-se a observação de Prado sobre o assunto:

"o sistema de prisão e liberdade adotado no Brasil e nos países que têm a mesma cultura jurídica brasileira é, em certa medida, contraditório com a plena efetividade do princípio da presunção da inocência, porque a realidade é que, se levássemos à cabo o princípio da presunção da inocência e se quiséssemos dar a ele a efetividade que a Constituição prescreve, do modo como ela prescreve, conforme a cultura de garantia, não poderia haver nenhum tipo de prisão antes da sentença condenatória transitar em julgado".

Continuando, o autor esclarece que,

"(...) apesar disso, poderemos ter a prisão do imputado, durante o período de persecução penal".[166]

Prado, ao demonstrar a existência de afetação ao princípio em análise, acaba por demonstrar que a concretização do aprisionamento sem culpa (ainda que limitando tal hipótese a rígidos critérios de apreciação)

---

[164] IBAÑEZ, Perfecto Andres. Presuncion de Inocencia y Prisión sin Condena. *Revista de La Asociación de Ciencias Penales*, p. 3.
[165] Um bom exemplo de tal afirmação encontra-se junto à súmula 9 de nosso STJ: "A exigência da prisão provisória, para apelar, não ofende a garantia constitucional da presunção de inocência".
[166] PRADO, Geraldo. *Prisão e Liberdade*.

somente se faz possível com base no princípio da proporcionalidade, corrente esta com a qual nos filiamos mas que, nem por isso, pacifica o problema. Pelo contrário, vale reproduzir os dizeres de Ferrajoli para demonstrar a importância que o tema assume junto ao marco garantista:

"Los principios ético-políticos, como los de la lógica, no admiten contradicciones, so pena de su inconsistencia: pueden romperse, pero no plegarse a placer; y una vez admitido que un ciudadano presunto inocente puede ser encarcelado por 'necesidades procesales', ningún juego de palabras puede impedir que lo sea también por 'necesidades penales. En este aspecto tenía razón Manzini: 'Y, en fin, de qué inocencia se trata? (...)".[167]

O autor, ao não admitir a "contradição" entre os princípios informadores e condicionadores de uma Constituição está, em verdade, a admitir a presunção de inocência como princípio absoluto, inarredável. Em nosso entendimento, porém, tal princípio pode sofrer parcial relativização se posto em contrapartida ao princípio da proporcionalidade racional dos meios e fins a serem almejados pelo pensamento jurídico-político e, neste sentido, Lopes Júnior esclarece:

"Deve-se adotar um sistema intermediário: nem a prisão, nem a liberdade em todos os casos. Pensamos que, mesmo em caso de prisão, como se trata de um conflito entre direitos igualmente fundamentais – referindo-se, aqui, em proteção do conjunto social e do indivíduo – existem limites legais que deverão estar presididos pelos princípios da provisoriedade, excepcionalidade e proporcionalidade".[168]

---

[167] FERRAJOLI, Luigi. *Derecho y Razón*: teoria del garantismo penal, p. 549.
[168] LOPES JÚNIOR, Aury Celso Lima. Fundamento, requisito e princípios gerais das prisões cautelares *Revista da Ajuris*, n. 72, p. 221.

Para legitimar-se a posição adotada, afastando-se a impressão de que estar-se-ia versando sobre uma "colisão de princípios", se observa, primeiro, a distinção realizada por Canotilho entre "regras" e "princípios". Nos dizeres do autor,

"(...) os princípios são normas jurídicas impositivas de uma optimização, compatíveis com vários graus de concretização, consoante os condicionalismos fácticos e jurídicos; as regras são normas que prescrevem imperativamente uma exigência (impõem, permitem ou proíbem) que é ou não é cumprida (nos termos de Dworkin: *applicable in all-or-nothing fashion*); a convivência dos princípios é conflitual (Zagrebelsky), a convivência de regras é antinómica".[169]

Do entendimento supra pode-se, tranqüilamente, versar-se sobre a prevalência de um específico princípio, em relação a um determinado caso em concreto, sem que isto signifique invalidade do princípio subjugado, eis que, ainda na lição de Canotilho,

"(...) considerar a constituição como uma ordem ou sistema de ordenação totalmente fechado e harmonizante significaria esquecer, desde logo, que ela é, muitas vezes, o resultado de um compromisso entre vários actores sociais, transportadores de ideias, aspirações e interesses substancialmente diferenciados e até antagónicos ou contraditórios".[170]

Desta maneira,

"(...) no âmbito da aplicação dos princípios, não se faz necessária a formulação de regras de colisão porque essa espécie normativa, por sua natureza, finalidade e formulação, não se presta a provocar conflitos – no máximo criam estados de tensão –

---
[169] CANOTILHO, J.J. Gomes. *Direito Constitucional e Teoria da Constituição*, p. 1125.
[170] Idem, p. 1146.

nem estão subordinadas à lógica do tudo ou nada".[171]

Entendendo-se a vigência dos princípios em acordo com a possibilidade de relativização dos mesmos, seguimos a lição de Flach, para quem "as análises da prisão processual penal têm sido mais dirigidas à interpretação dos princípios constitucionais da presunção de inocência e do duplo grau de jurisdição (...)",[172] ou seja, a doutrina pátria e internacional costuma analisar a prisão provisória e sua possibilidade constitucional, costumeiramente, sob o pálio da presunção de inocência e seu âmbito de incidência quando, no que diz respeito ao flagrante em si, *o papel do doutrinador deverá ser, em um primeiro momento, descobrir não o princípio violado pela prisão mas, sim, o princípio que a mesma visa resguardar.* Deve-se fugir do jogo de palavras denunciado por Ferrajoli no sentido de, fornecendo caráter "processual" ao aprisionamento cautelar, erigir tratados demonstrando que o mesmo não fere presunção de inocência, eis que, em nosso entendimento, toda e qualquer espécie de manutenção do indivíduo em cárcere parte do pressuposto de que o mesmo poderá, ao menos em tese, ser culpado pelo fato que lhe é atribuído. Desta maneira, repita-se, *partindo-se do paradigma que a prisão de alguém sempre se relaciona com sua culpa, seja esta formada ou presumida, o que a doutrina deve buscar é a fonte que legitima este ato de força,* assim como os limites necessariamente impostos ao mesmo, ou, citando-se Carnelutti, "La gravedad, por nosotros subrayada, de la medida exige,

---

[171] MELGAREJO, Etatiana dos Santos. *A Garantia Constitucional da Presunção de Inocência e as Prisões Cautelares,* p. 20. A autora continua: "Por isso, diante das antinomias de princípios, quando mais de uma pauta de valoração for aplicável à mesma situação de fato, ao invés de se sentir obrigado a escolher este ou aquele princípio – com exclusão de todos os demais, que, em tese, também poderiam ser utilizados como norma de decisão –, o intérprete-aplicador fará uma ponderação entre os princípios concorrentes, optando, afinal, por aquele que, nas circunstâncias, segundo a sua avaliação, deva ter um peso relativamente maior".

[172] FLACH, Norberto. *Prisão Processual Penal*: Discussão à Luz dos Princípios Constitucionais da Proporcionalidade e da Segurança Jurídica, p. 2.

naturalmente, que sean establecidos com severidad sus presupuestos".[173]

2.2.3. Princípio da proporcionalidade

Verificada a possibilidade de relativizar-se a incidência do princípio de presunção de inocência, busca-se, no princípio da proporcionalidade, a forma pela qual esta operação se concretiza.

Através do princípio da proporcionalidade é que a prisão provisória irá encontrar sua legitimidade. No caso em concreto, será ponderada a gravidade da medida imposta com a finalidade pretendida – o equilíbrio entre dois deveres do Estado – a saber: (1) a proteção do conjunto social e a manutenção da segurança coletiva dos membros da comunidade frente a desordem provocada pelo injusto típico, através de uma eficaz persecução dos delitos e de outro lado, (2) a garantia e a proteção efetiva das liberdades e direitos fundamentais dos indivíduos que a integram.

Na lição de Barros, a aplicação de tal princípio torna-se

"(...) especialmente útil na verificação da constitucionalidade das leis interventivas na esfera de liberdades do cidadão, porque o legislador, mesmo perseguindo fins estabelecidos na Constituição e agindo por autorização desta, pode editar leis consideradas inconstitucionais. O juízo de constitucionalidade das leis restritivas de direitos fundamentais pelo contraste direto entre normas de hierarquia diversa não é suficiente. Faz-se necessário um exame da lei em relação a ela mesma. O conteúdo do princípio da proporcionalidade é assim identificado: exigência de adequação da medida restritiva ao fim da lei; necessidade da restrição para garantir a efetividade do direito e a proporcionalidade em sentido estrito, pela qual se pondera a relação entre

---
[173] CARNELUTTI, Francesco. *Lecciones sobre el Proceso Penal*, p. 77.

a carga de restrição e o resultado obtido. Os direitos fundamentais, nesta perspectiva, constituem verdadeiros limites materiais à ação do legislador, que fica vinculado à realização ótima desses direitos".[174]

Inobstante as diretrizes acima adotadas, vale a advertência de Bonavides, para quem, em análise ao princípio ora estudado, constata que "(...) há princípios mais fáceis de compreender do que definir".[175]

Para referido autor, a aplicação do princípio da proporcionalidade deve obedecer a dois distintos e inter-relacionados quesitos, quais sejam: (1) a presunção de relação proporcional entre meio e fim, entendendo que "há violação do princípio da proporcionalidade, com ocorrência do arbítrio, toda vez que os meios destinados a realizar um fim não são, por si mesmos apropriados e ou quando a desproporção entre meios e fim é particularmente evidente, ou seja, manifesta", e (2) a situação de fato, ou seja, a real necessidade de determinada medida se operacionalizar frente ao caso em concreto.

Em análise ao quesito segundo, qual seja a análise do caso em concreto, mister salientar que tal indicação se desdobra frente aos princípios da pertinência, necessidade e razoabilidade da medida, obrigando o operador jurídico à verificação do instrumento utilizado enquanto "(...) meio certo para levar a cabo um fim baseado no interesse público"[176] (pertinência), determinando, ainda, que "(...) a medida não há de exceder os limites indispensáveis à conservação do fim legítimo que se almeja"[177] (necessidade) e, por fim, escolher, dentre os vários instrumentos colocados à disposição, "(...) o meio ou os meios que, no caso específico, levarem

---

[174] BARROS, Suzana de Toledo. *O Princípio da Proporcionalidade e o Controle de Constitucionalidade das Leis Restritivas de Direitos Fundamentais*, p. 158.
[175] BONAVIDES, Paulo. *Curso de Direito Constitucional*, p. 356.
[176] Idem, p. 360.
[177] Id. ibid.

mais em conta o conjunto de interesses em jogo",[178] sem olvidar-se que, neste momento, (...) de todas as medidas que igualmente servem à obtenção de um fim, cumpre eleger aquela menos nociva aos interesses do cidadão"[179] (razoabilidade).

Em suma, concordando-se com Melgarejo, "(...) o objetivo almejado pela Constituição não pode ser atingido de outra maneira, que afete menos o indivíduo, a não ser através daquela eleita pelo legislador infra-constitucional, no momento em que estipula a norma limitadora de um direito fundamental".[180]

Verificada a proporcionalidade lata entre meio e fim, percebe-se que o princípio em exame se presta tanto para legitimar políticas maximalistas de intervenção penal, a teor da já conhecida "lei-e-ordem" quanto políticas de intervenção mínima, sendo que o pêndulo irá variar para um ou outro lado em acordo com a espécie de Estado que se está a versar. Por isso, para uma correta utilização de tal princípio, necessita-se buscar o norteador das condutas do Estado frente à intervenção penal, eis que os fins precisam de necessária delimitação para, somente assim, descobrir-se quais os meios adequados à obtenção dos mesmos.

Em outras palavras, se um determinado Estado adota consigo uma concepção autoritária de governo, irá, conseqüentemente, imiscuir-se na vida de seus cidadãos a todo e qualquer momento, caracterizando-se, aí, uma intervenção penal máxima do Poder junto às esferas de liberdades individuais. Ao reverso, e voltando-se a frisar a escolha dirigente por um Estado Democrático de Direito, a intervenção penal deste Poder frente às já citadas liberdades deverá ser mínima, voltada, tão-somente, para situações excepcionais. Acreditamos, frente a esta escolha constituinte, que a proporcionalidade, em

---

[178] BONAVIDES, Paulo. *Curso de Direito Constitucional*, p. 360.
[179] Id., ibid.
[180] MELGAREJO, Etatiana dos Santos. *A Garantia Constitucional da Presunção de Inocência e as Prisões Cautelares*, p. 22.

nosso direito pátrio, é informada pelo princípio da *ultima ratio* do direito penal ou, como também conhecido, intervenção mínima.

2.2.4. O princípio da intervenção mínima

O princípio da intervenção mínima é utilizado, tradicionalmente, em estudos sobre o direito penal, e pode servir como balizador de vários outros princípios, dentre eles o de humanidade, culpabilidade, efetivo dano, etc. Seus efeitos processuais, entretanto, fazem-se sentir de forma imediata, e consoante salienta Lopes Júnior, "(...) como correspondente, a discricionariedade judicial deve ser sempre dirigida não a estender, mas a reduzir a intervenção penal enquanto não motivada por argumentos cognoscitivos seguros".[181]

Além de se evitar o processo em sentido lato, a intervenção mínima espraia seus efeitos para junto das prisões provisórias. A liberdade, enquanto Direito Fundamental, e devidamente resguardada pelos três princípios supracitados, somente será objeto de restrição em última análise, ou seja, as medidas restritivas do direito de ir-e-vir tornam-se a exceção dentro de um sistema já excepcional.

Com efeito, deverá existir uma situação de fato que, por sua gravidade, legitime a incidência do aprisionamento provisório. Para a doutrina que justifica o instituto, esta situação versa sobre garantir-se a instrução processual e garantir-se, também, a aplicabilidade da lei penal.[182] Recorre-se, no tema, aos brocardos *periculum libertatis* e *fumus comissi delicti*[183] como condicionadores

---

[181] LOPES JÚNIOR, Aury. *O Fundamento da Existência do Processo Penal*: Instrumentalidade Garantista.

[182] Consoante PRADO, Geraldo, em *Prisão e Liberdade*, a prisão provisória poderá ocorrer "(...) toda vez que a liberdade do imputado puser em risco o conteúdo de verdade que o processo penal terá que buscar, ou vier a inviabilizar a aplicação da lei penal, deixando em perigo a efetivação da sanção criminal".

[183] Consoante LOPES JÚNIOR, Aury, em *Crimes Hediondos e a Prisão em Flagrante como Medida Pré-Cautelar*, tais brocardos trazem consigo o seguinte entendimento: "*fumus comissi delicti*: é o requisito de toda e qualquer medida

e limitadores desta modalidade de prisão, ou seja, não basta que o indivíduo, em liberdade, esteja a oferecer riscos ao processo ou ao corpo social mas, indo além, se faz necessária a existência de materialidade do ato, ou seja, prova congnoscitiva séria e idônea que aponte para a realização de um crime. Entretanto, versando-se sobre o "flagrante" propriamente dito, e em acordo com as idéias que serão desenvolvidas em capítulo III desta obra, adianta-se, desde logo, que, em nosso entendimento, o *fumus comissi delicti* se traduz não em um "raciocínio lógico, sério e desapaixonado", mas, isto sim, em certeza visual do delito; o *periculum libertatis*, por sua vez, irá versar não sobre a preservação da prova e do processo, mas sim sobre o aponte da mesma. Percebe-se, desde logo, que tais elementos, quando exigidos para que se realize uma prisão em flagrante, não encontram-se em consonância com as demais prisões provisórias, notadamente a preventiva.

2.3. A prisão provisória sob o marco garantista

Considerando que, na matriz garantista, os Direitos Fundamentais do indivíduo são respeitados, passo este que limita a atividade probatória do Estado, e imprimindo-se à Constituição e aos princípios lá elencados o *status* de "Lei Maior", a prisão provisória torna-se, por óbvio, medida a ser repudiada enquanto "instrumento" de reconstrução do ocorrido.

Para melhor entendermos o desprestígio da prisão provisória ante o princípio garantista, deve-se recordar que tal instituto atinge seu apogeu em sistemas notada-

---

cautelar pessoal, considerado como a existência de sinais externos, com suporte fático real, extraídos dos atos de investigação levados a cabo, em que por meio de um raciocínio lógico, sério e desapaixonado, deduz-se com maior ou menor veemência a comissão de um delito, cuja realização e conseqüências apresentam como responsável um sujeito concreto (...) *periculum libertatis*: é o fundamento da prisão cautelar. Cumpre recordar que para as medidas cautelares pessoais do processo penal, o *fator determinante não é o tempo* mas a situação de perigo criada pela conduta do sujeito passivo do processo(...)".

mente inquisitórios, eis que estes, fulcrados em uma verdade máxima e subjetiva, não verificável no plano dos fatos, traz como prova maior a ser valorada em processo a confissão do acusado. Desta maneira, e como já afirmado, prende-se para que o sujeito, coibido física e emocionalmente, ponha-se a falar.

No sistema acusatório, lido pelo viés garantista, a confissão "(...) está sujeta a una larga serie de reglas de formación, como la espontaneidad, la no incidentalidad, la univocidad, etc., y, sin embargo, carece de todo valor legal decisorio",[184] ou seja, perde seu caráter de "rainha das provas", deslegitimando, pois, a adoção de qualquer meio possível em sua obtenção.

Na medida em que a prisão provisória já não mais se presta ao fim de obter a "prova máxima", tem-se que sua incidência no intercurso processual somente se fará possível se devidamente justificada por circunstâncias que não afetem a espécie de verdade que se busca (empiricamente controlável). Em verdade, Ferrajoli posiciona-se pela existência de um processo

> "(...) sin prisión provisional,[185] entendendo que 'el imputado debe comparecer libre ante sus jueces, no sólo porque así se asegura la dignidad del ciudadano presunto inocente, sino también – es decir, sobre todo – por necesidades procesales: para que quede situado en pie de igualdad con la acusación; para después del interrogatorio y antes del juicio pueda organizar eficazmente sus defensas; para que el acusador no pueda hacer trampas, construyendo acusaciones y manipulando las pruebas a sus espaldas' (...)".[186]

Concorda-se, por óbvio, que a prisão provisória do acusado acaba por lhe ofender, direta ou indiretamente, uma série de garantias que lhe são inerentes enquanto

---

[184] FERRAJOLI, Luigi. *Derecho y Razón*: teoria del garantismo penal, p. 612.
[185] Idem, p. 559.
[186] Id., ibid.

cidadão de um Estado de Direito. Entretanto, em nosso entendimento, e ainda que de forma absolutamente reformulada se em comparação com o sistema atual, a prisão provisória, enquanto gênero que engloba a espécie denominada "flagrante",[187] deve existir, não como "um mal necessário", mas sim como medida a ser imposta em casos de extrema necessidade e quando em busca de um fim legítimo (legitimidade do meio e do fim).

Inserto nesta visão de processo, Constituição e prisão provisória, é que se estuda a prisão em flagrante.

2.4. Prisão em Flagrante

Exposto o quadro social e jurídico que hoje se faz presente, assim como o paradigma garantista sobre o qual se traça o presente trabalho, mister delimitar-se o conceito doutrinário do que se denomina "flagrante", assim como os princípios que regem sua aplicação (ou, no caso brasileiro, "deveriam reger").

Tal instituto, para uma quase totalidade da doutrina, deriva do latim *flagrare*, ou seja, "queimar", "crepitar". Desta maneira, adequando-se tal significado ao mundo jurídico, o "flagrante" deve referir-se ao momento exato em que a atividade do agente está se realizando ou, como reza a doutrina, significa "certeza visual do fato", trazendo, consigo, "a possibilidade para uma pessoa de comprová-lo mediante a prova direta".[188]

Para Marques, citado por Delmanto Júnior, "o flagrante não é um modo de ser do delito em si, mas do delito em face de alguma pessoa, e, por isso mesmo, qualidade absolutamente relativa; (...) o flagrante não é atualidade, e sim visibilidade do delito".[189]

---

[187] Destaca-se aqui a legitimidade do flagrante, de forma específica, por se entender que as demais prisões provisórias existentes em nosso ordenamento jurídico não foram recepcionadas pela Constituição Federal de nosso país.
[188] LOPES JÚNIOR, Aury. *Crimes Hediondos e a Prisão em Flagrante como Medida Pré-Cautelar*.
[189] DELMANTO JÚNIOR, Roberto. *As modalidades de prisão provisória e seu prazo de duração*, p. 96.

Delmanto Júnior, em análise à colocação acima, expressa que "o flagrante delito, propriamente dito, está, assim, intimamente ligado à presença de uma testemunha, não bastando, ainda, que essa testemunha se aperceba do evento, sendo necessário que ela assista a ação".[190]

Tourinho Filho, por sua vez, entende o flagrante como sendo (...) a prisão da pessoa surpreendida no instante mesmo da perpetração da infração".[191]

Percebe-se, dos conceitos acima, que o flagrante expressa uma relação de imediatidade entre o ato praticado pelo agente e o momento de sua prisão. É a certeza visual do ato, a eficaz resposta ao delito. Por tais considerações, fácil constatar que a prisão em flagrante, como instituto de resposta imediata ao crime, transforma-se em um dos pilares de sustentação das políticas de segurança pública de um Estado, eis que enseja, aos olhos do leigo, a impressão de que o aparato de repressão está, efetivamente, a funcionar.

Na medida em que se versa sobre uma resposta imediata do "Estado" ao autor de um pretenso delito, atinge-se, como afirmado, o âmago de um dos maiores problemas deste início de século, qual seja a segurança pública. De um lado, ameniza-se a reação social gerada pelo delito e, de outra banda, reúne-se, em um só momento, dois requisitos essenciais à propositura e instrução de um processo-crime, quais sejam a materialidade e autoria relativas ao fato.

Nesta seara, e inobstante o valor processual que detém o flagrante, deve-se perceber que sua utilidade político-administrativa transcende os limites do Poder Judiciário. O próprio processo penal brasileiro (assim como o direito penal), se bem observado, cada vez mais se afasta de seu modelo ideal – caminho utilizado para a

---

[190] DELMANTO JÚNIOR, Roberto. *As modalidades de prisão provisória e seu prazo de duração*, p. 96.
[191] TOURINHO FILHO, Fernando da Costa. *Código de Processo Penal Comentado*, p. 538.

reconstrução histórica do fato – para servir como verdadeiro instrumento de políticas de segurança pública. Neste prisma, motivado pela cobrança midiática de respostas céleres ao problema da criminalidade, abdica do modelo garantista (eis que este, ao preservar as garantias individuais, acaba por gerar um processo moroso em seu desenrolar) em prol de um sistema marcadamente inquisitorial, banalizando a segregação do indivíduo como se esta fosse regra geral. É, em verdade, uma resposta também midiática do Estado aos anseios "públicos", ou seja, uma verdadeira "solução midiática de antecipação da defesa social".

Em tal quadro é que se constata que, por força de sua extrema importância enquanto ato político, a prisão em flagrante é a modalidade mais violenta das prisões provisórias, surgindo, daí, a necessidade de diferenciá-la das demais espécies de prisões provisórias existentes em nosso sistema jurídico (resumindo-se, no presente trabalho, à preventiva).

2.5. O flagrante e sua natureza jurídica

O flagrante *stricto sensu*, como sinalado em tópico anterior, indica uma relação de imediatidade entre ato e prisão, sendo que, em certos casos, pode-se anunciar como verdadeiro instrumento de cessação da atividade delituosa. A prisão preventiva, por sua vez, cabível quando já existentes a prova de materialidade e os indícios de autoria, relaciona-se com o processo em si, o instrumento já posto a funcionar.[192] Desta maneira, se, para esta última, a preservação do feito ou a garantia de aplicabilidade da lei penal servem como base funda-

---

[192] Tal afirmação não significa, obviamente, que a prisão preventiva não pode ser declarada em sede de inquérito policial. Entretanto, como os requisitos que deve satisfazer são, justamente, àqueles que dão sentido à própria atividade policial, o certo é que haja uma certa relação de temporariedade entre o fim deste e a decretação daquela.

mental, para o flagrante os quesitos de sua legitimidade deverão ser analisados sob distinto viés.

Parte-se do pressuposto de que um ato que importe a restrição do direito fundamental do indivíduo à sua liberdade somente se legitima quando, à margem de um mero exercício de poder, represente medida necessária e proporcional ao fim pretendido, estando em acordo com os princípios estruturadores e condicionantes de nossa Constituição Federal. Desta maneira, e no sentido de primar-se pela obediência a tais pressupostos, referido ato deve ser decretado somente pela autoridade judicial competente. Inobstante tal conclusão, o artigo 301, CPP, informa: "Qualquer do povo poderá e as autoridades policiais e seus agentes deverão prender quem quer que seja encontrado em flagrante delito".

A redação deste artigo se coaduna com os artigos 5º, inc. LXI, da CF e 282 do CPP, colocando a prisão em flagrante como sendo a única, em nosso ordenamento jurídico, que será exercida sem a prévia autorização judicial.

O fato de referida modalidade prisional prescindir de autorização emanada por juiz competente ressalta seu caráter administrativo, eis que realizada à margem da jurisdição e oriunda, somente, de um juízo de valor realizado pelo agente que irá efetuá-la sobre o ato que presencia. Neste sentido, Tourinho Filho entende que "(...) o ato de prender em flagrante não passa de simples ato administrativo, levado a efeito, grosso modo, pela Polícia Civil (...)". Continuando o raciocínio, o autor ainda afirma que, "se for o particular, o ato continua sendo administrativo (...)".[193]

Indo mais longe, Pontes de Miranda, através da citação realizada por Delmanto Júnior, ultrapassa as barreiras do direito administrativo e defende a idéia de que "quando a polícia exerce o poder de prender em flagrante não exerce poder de polícia: exerce ato estatal,

---
[193] TOURINHO FILHO, Fernando da Costa. *Código de Processo Penal Comentado*, p. 540.

como o que seria a prisão em flagrante feita por alguém do povo (...)".[194] Continua: "(...) o poder é de tutela jurídica, poder estatal, que não se confunde com o poder de polícia".[195]

Neste sentido, Lopes Júnior explicita que "(...) precisamente porque o flagrante é uma medida precária, que não está dirigida a garantir o resultado final do processo, é que pode ser praticado por um particular ou pela autoridade policial".[196]

Na medida em que o flagrante, entendido em sua essência, não se confunde com uma medida judicial – ao revés da preventiva –, tem-se que o mesmo obedece a critérios que também lhe são específicos.

Analisando o tema, e em confronto com tais considerações, a doutrina pátria, ao versar sobre prisão provisória, além de equiparar todas as suas espécies ao aprisionamento processual, denominando-a, também, como "prisão cautelar", encontra amparo em diferentes fundamentos e, muito embora a lei positiva enumere cinco distintas espécies prisionais de tal gênero,[197] a corrente "crítica" entende, em sua maioria, que a mesma deverá ocorrer apenas quando presente uma das hipóteses elencadas junto aos artigos 302 ou 312, ambos do CPP, sendo que a primeira, referente à prisão em flagrante (artigo 302, CPP), será mantida se presente um dos requisitos da segunda, denominada prisão preventiva (art. 312, CPP, por força do artigo 310, parágrafo único, CP). Desta maneira, depreende-se que uma prisão provisória poderá ocorrer, genericamente, nas seguintes hipóteses: (1) o agente estiver cometendo o delito, (2) acabou de cometê-lo, (3) for perseguido logo

---

[194] DELMANTO JÚNIOR, Roberto. *As modalidades de prisão provisória e seu prazo de duração*, p. 112.
[195] Id., ibid.
[196] LOPES JÚNIOR, Aury. *Crimes Hediondos e a Prisão em Flagrante como Medida Pré-Cautelar*.
[197] A saber: prisão em flagrante, prisão temporária, prisão preventiva, prisão decorrente da sentença de pronúncia e prisão decorrente de sentença condenatória ainda não transitada em julgado.

após o delito, (4) for encontrado logo depois do delito, (5) para garantir a ordem econômica, (6) a ordem pública, (7) a instrução processual e, finalmente, (8) a aplicabilidade da lei penal, sendo que o flagrante, referido nos itens 1 a 4, será mantido, durante o correr do processo, nos casos em que se fizerem presentes uma das quatro últimas alternativas.

Observadas as disposições legais, conclui-se, primeiro, que a confusão entre prisão provisória e prisão cautelar efetivamente existe. Sob tal viés, depreende-se que a prisão em flagrante atinge interesses materiais e pré-cautelares, representados, os primeiros, pela defesa de um bem jurídico frente a ataque atual ou iminente que está a sofrer, e os segundos, através da apreensão de elementos probatórios que possibilitem o exercício de uma futura ação penal, notadamente autoria e materialidade do delito; de outra banda, as hipóteses do art. 312, CPP, iniciam-se em prol dos interesses da "defesa social" (preservação de ordem pública e econômica), passam por interesses processuais (conveniência da instrução processual) e terminam por atingir interesses exclusivamente penais (garantia de aplicação da lei penal).

Inobstante a fácil percepção da evidente ilegitimidade de três das quatro hipóteses utilizadas para a fundamentação da prisão preventiva,[198] tem-se que a

---

[198] Neste sentido, os "interesses sociais" (hipóteses "5" e "6") não servem de fundo para legitimar tal ato de força, eis que, como já afirmado, a sociedade moderna e, conseqüentemente, o Estado moderno, fundaram-se na defesa do indivíduo, e não do corpo social propriamente dito. Não bastasse o erro paradigmático retratado em tal situação, tem-se que, se legítima fosse, o "interesse social" restaria ameaçado de forma mais gravosa ao se permitir o encarceramento de um indivíduo sem que, para tanto, haja formação de culpa, do que, ao reverso, fosse o mesmo mantido livre para se defender de forma adequada da conduta que lhe é imputada, eis que, no primeiro caso, está-se diante de um simples ato de força e arbítrio exercido justamente por quem deveria evitar tal situação e contra quem deveria restar protegido de tal mazela. O interesse penal (hipótese "8"), por sua vez, também resta desconfigurado como elemento legitimador de uma prisão cautelar, eis que, neste caso, e sem nenhuma espécie de sofisma, eis que admitido pela própria letra de lei, estar-se-ia impondo, ao acusado, uma espécie de "pena antecipada" "como forma de garantir-se, ao fim, a própria aplicação da pena. Em outras palavras, pelo temor de não aplicar-se a pena após a formação de culpa, antecipa-se tal ato sob a forma de prisão cautelar.

hipótese restante – resguardo da instrução processual – estende-se, por parte da doutrina pátria, como elemento legitimador da manutenção da prisão em flagrante,[199] eis que o flagrado somente será posto em liberdade "(...) quando o juiz verificar, pelo auto de prisão em flagrante, a inocorrência de qualquer das hipóteses que autorizam a prisão preventiva (arts. 311 e 312)",[200] ou seja, se presente o requisito da preventiva, mantém-se o flagrante. Tal entendimento, a nosso ver, confunde a "apreensão" com a "preservação" da prova, objetos nitidamente distintos e que servem para afastar do flagrante seu conceito de prisão "processual" ou "cautelar", fornecendo-lhe matiz eminentemente "pré-cautelar". Neste sentido, voltando-se a Lopes Júnior, em citação feita ao entendimento de Banaloche Palao, o flagrante "(...) não é uma medida cautelar pessoal, mas sim pré-cautelar, no sentido de que não se dirige a garantir o resultado final do processo, mas apenas destina-se a colocar o detido à disposição do juiz para que adote ou não uma verdadeira medida cautelar".[201]

Indo além, e considerando o flagrante como concreta possibilidade de evitação do dano, constata-se que a "defesa do bem jurídico" se converte no segundo elemento fundante desta específica modalidade prisional.

Desta forma, a prisão em flagrante, em nosso entendimento, serve, exclusivamente, para proteger o bem material frente ao ataque sofrido e fornecer (apreender) ao processo meios de prova sem, contudo, comprometer-se com o resguardo do mesmo; por tal viés é que se analisa o que venha a ser o *periculum libertatis* e o *fumus comissi delicti* resguardados por tal modalidade prisio-

---

[199] Em verdade, e consoante artigo 310, do CPP, todos os elementos que "legitimam" a preventiva se amoldam, consoante doutrina majoritária, ao flagrante.
[200] Artigo 310, parágrafo único, *Código de Processo Penal brasileiro*.
[201] Para BANALOCHE PALAO *"en ningún caso* – o flagrante – se dirige a asegurar ni la eventual ejecución de la pena, ni tampoco la presencia del imputado en la fase decisoria del proceso", *apud* LOPES JÚNIOR, Aury. *Crimes Hediondos e a Prisão em Flagrante como Medida Pré-Cautelar*.

nal, assim como hipóteses de sua ocorrência e, ao fim, a necessidade de restituir-se ao preso, logo após tal ato, sua liberdade.

Nesta seara, a liberdade do indivíduo somente poderá ser alvo de restrição apriorística, por qualquer das modalidades prisionais provisórias, quando estiver a acarretar perigo a determinado bem jurídico[202] e, ainda, houver materialidade do fato.

Inserindo-se a essência legitimadora do flagrante em tais quesitos, conclui-se que a existência desta modalidade prisional pode ser, basicamente, dividida em dois fatores, um de ordem social e outro de ordem processual:

1) Quanto à ordem social: o flagrante se legitima como medida de segurança na medida em que diz respeito a fazer cessar uma atividade que, em tese, se caracteriza como delito ou, dito em outras palavras, a liberdade do indivíduo está, no momento exato em que se efetua a prisão, acarretando perigo a determinado bem jurídico (*periculum libertatis*). Desta forma, o flagrante traz em si a força de evitar a lesão ao bem jurídico, tornando-se, pois, uma defesa individual de caráter imediato a ser exercida em prol do bem jurídico ameaçado.

Sob tal viés, dever-se-á entender este primeiro elemento legitimador do flagrante em acordo com o que Hassemer denominou "Direito Penal voltado às conseqüências", enunciando que "(...) uma ameaça penal contra um comportamento humano é ilegítima, sempre que não possa lastrear-se na proteção de um bem jurídico".[203] Desta maneira, o bem jurídico atacado pelo ato delituoso encontra na prisão em flagrante sua primeira defesa.

---

[202] Verificada, neste caso, a obediência ao princípio da proporcionalidade citado anteriormente.
[203] HASSEMER, Winfried. *Três Temas de Direito Penal*, p. 32. Destaque-se que, muito embora o autor esteja a se referir ao Direito Penal em si, em sua órbita material, tais considerações encontram absoluta consonância com as medidas instrumentais do referido Direito e, dentre elas, a prisão cautelar.

2) Quanto à ordem processual: tal fator contemporiza-se com a persecução penal a ser adotada pelo Estado frente ao ato, eis que esta deverá ser intentada, somente, quando houver prova de autoria e materialidade do fato[204] e, ante a relação de imediatidade entre ato e prisão, tais quesitos restariam, ao menos em tese, satisfeitos. Neste sentido, o *fumus comissi delicti* restaria satisfeito no momento da prisão, eis que visualizada a ação empreendida pelo agente e, restaria também, preservado como fonte de prova posterior e necessária à persecução penal. O *periculum libertatis*, idem, eis que a colheita imediata dos elementos probatórios por parte do Estado poderia restar prejudicada se fosse dada ao agente delituoso a opção de continuar em liberdade.

Conjugando-se os elementos que autorizam o flagrante (preservação do bem jurídico e apreensão de elementos que indiquem autoria e materialidade do fato) com seu caráter administrativo, ou seja, com sua essência arbitrária, notadamente voltada ao poder de polícia que detém o Estado *lato sensu* e seus cidadãos, percebe-se que o flagrante é medida que, além de carregar consigo o caráter de *ultima ratio*, se esgota logo após sua realização. Tais pontos merecem análise mais detalhada:

1) Quanto ao caráter de medida *ultima ratio*: considerando os paradigmas de proporcionalidade e presunção de inocência que devem nortear qualquer inferência do Estado na vida do indivíduo, e conjugando-se tais fatores com os objetivos do flagrante, quais sejam o de preservar o bem jurídico do ataque que está a sofrer e apreender elementos que possibilitem a futura instrução criminal, depreende-se que, ausente a visibilidade do ato delituoso, a prisão deixa de se justificar, eis que perdida a "prova direta" almejada pela restrição. Voltando-se à Hassemer, "(...) com o comprometimento da tutela penal com a proteção de bens jurídicos, ocorreu

---

[204] Do fato, e não do "crime", ainda que a doutrina utilize, de forma equivocada, esta segunda expressão.

que, de um lado, o princípio da *ultima ratio* ganhou vida (...) o Direito Penal passa a se apresentar como meio de solução de problemas sociais (...) subordina, porém, o emprego de seu maquinário – porque ele magoa e fere intensivamente – a rigorosíssimos requisitos e, afinal, só entrará em campo quando mais nada adiantar".[205] Desta maneira, frise-se, se ausente a possibilidade de, através do flagrante, obter-se prova direta do delito e de sua autoria, a privação de liberdade do indivíduo (por força desta específica modalidade prisional) deixa de coadunar-se com a proporcionalidade de tal medida e com a presunção processual de inocência.

2) Quanto ao esgotamento da medida: percebendo-se que o resguardo ao bem jurídico atacado é um objetivo que se alcança no momento exato da prisão, depreende-se que este primeiro elemento legitimador do flagrante não serve como fundo para a manutenção do preso no cárcere. Observando o segundo elemento, qual seja colheita de autoria e materialidade do fato, constata-se, a exemplo do acima citado, que o mesmo também restará satisfeito logo após a prisão, quando da formalização da mesma junto ao órgão competente. Seja por um ou outro argumento, não há como se versar sobre a manutenção de alguém em cárcere por força do flagrante, eis que esgotados os elementos que autorizam tal medida.

Os fatores acima apontados legitimam o flagrante e, ao mesmo tempo, limitam sua incidência e seus efeitos. Considerando-os como válidos, o flagrante deverá ocorrer somente quando, através de sua incidência, for medida capaz de (1) fazer cessar um ataque ao bem jurídico e/ou, no mínimo, (2) fornecer ao Estado elementos concretos que evidenciem autoria e materialidade da ação, ou seja, somente se privará alguém de sua liberdade quando tal privação for caminho único à preservação do bem material ou processual, entendido este, repita-se ainda que à exaustão, pela apreensão de

---

[205] HASSEMER, Winfried. *Três Temas de Direito Penal*, p. 33.

tais elementos, e não pelo posterior resguardo dos mesmos. Desta maneira, estabelece-se uma relação de proporcionalidade entre a prisão e o bem que a mesma afeta – liberdade individual – e sua necessidade – preservação imediata de bem jurídico indevidamente atacado e dos quesitos necessários à proposição de uma futura ação penal.

Inobstante tais conclusões, o CPP informa que será concedida ao preso em flagrante a liberdade provisória quando (1) estiver preso por infração da qual se livra solto, (2) for cabível fiança, (3) e quando não estiverem presentes os requisitos que autorizam a prisão preventiva. Desta maneira, o diploma processual estabelece, *contrario sensu* que, na ausência de tais hipóteses, o encarceramento do indivíduo será mantido por força do flagrante.

Nesta seara, o CPP fornece à prisão em flagrante o caráter de prisão cautelar sem, contudo, e com exceção ao art. 310,[206] parágrafo único, mencionar que espécie de direito se visa a resguardar com a manutenção do indivíduo no cárcere; indo além, o CPP autoriza que o indivíduo permaneça preso por força de um ato administrativo, ainda que homologado pelo Judiciário e, por fim, esclarece que, se solto for, o será através do instituto denominado "liberdade provisória".

Tal posicionamento, em nosso entendimento, vai contra as garantias preconizadas em nossa carta constitucional. Na medida em que o flagrante é ato de caráter administrativo, não pode ser confundido com medida processual *stricto sensu* e, como esta, gerar efeitos da monta ora retratada. Desta maneira, primeiro, propugnamos pela imediata soltura do indivíduo após a formalização do ato, eis que através da mesma esgotam-se seus objetivos. Em segundo lugar, defendemos a hipótese de que a liberdade concedida ao indivíduo nada tem

---

[206] Muito embora o artigo 310, parágrafo único, do CPP, seja uma exceção frente ao que ora se analisa, esposa-se teoria no sentido de que o mesmo é também ilegítimo, por confundir espécies distintas de prisões provisórias.

de provisória. Ao reverso, provisória é apenas a privação de liberdade imposta ao mesmo que, como repetidamente frisado, deverá durar apenas o tempo necessário à formalização do ato. Seguindo tal esteira, Lopes Júnior adverte: "Em definitivo, a prisão em flagrante, como medida pré-cautelar, não pode ter vida e realidade após o prazo legal de sua duração. Deve ser prévia ao processo penal e submetida ao crivo judicial em prazo exíguo (...)".[207] Indo além, o autor assevera que "(...) não existe fundamento legal para defender a sua 'conversão automática' em prisão preventiva. Neste momento procedimental, a única medida cautelar de natureza pessoal que pode ser adotada para manutenção da segregação é a prisão preventiva (...)",[208] sendo que esta última, à margem de entendimento pessoal, será decretada, se for o caso, através de elementos que, como o dito, não se relacionam com os exigidos para o flagrante.

Esta afirmação visa a colocar a prisão em flagrante em consonância com os princípios penais e processuais penais de nossa Constituição Federal. Na medida em que o CPP classifica a liberdade posterior ao flagrante de "provisória", está conferindo ao mesmo o caráter de prisão processual. Neste passo os equívocos são latentes, eis que, (1) é prisão administrativa e (2) não se presta à preservação do processo mas, neste viés, somente à colheita, imediata, de materialidade e a autoria.

Neste sentido, Ferrajoli, ainda que contrário à existência da prisão provisória, ressalta:

"La única necesidad procesal que puede justificar una coacción momentánea – la evitar la contaminación de las pruebas antes del primer interrogatorio – se vería satisfecha, al menos en parte, por la presentación coactiva del imputado ante el juez, al objeto de hacer posible la imputación formal del hecho y el ejercicio de las primeras defensas sin la

---

[207] LOPES JÚNIOR, Aury. *Crimes Hediondos e a Prisão em Flagrante como Medida Pré-Cautelar*.
[208] Id., ibid.

oportunidad de preparar alteraciones fraudulentas. Es cierto que, sobre todo para algunos delitos graves, existe el peligro de que, incluso después del primer interrogatorio y de las primeras comprobaciones, el imputado altere las pruebas. Pero ningún valor o principio puede satisfacerse sin costes. Y éste es un coste que el sistema penal debe estar dispuesto a pagar, si quiere salvaguardar su razón de ser".[209]

Consoante tal assertiva, tem-se que, em relação ao flagrante, a posição adotada há de ser a mesma, ou seja, apreendidos os elementos probatórios, esgota-se a medida. Vale, inclusive, lembrar que, se, porventura, se tornar necessário o resguardo futuro das provas, existe outra modalidade prisional, que não o flagrante, à disposição do julgador (prisão preventiva).[210]

Indo além, e no intuito de explicitar o já afirmado, crê-se que o acusado deve ser posto em liberdade logo após a formalização do ato, ainda em esfera policial, ou seja, não deve ficar detido, "à disposição do juízo criminal", mesmo que por curto espaço de tempo. Diz-se isto com fulcro no artigo 6º, CPP, que assim dispõe: "Art. 6º – Logo que tiver conhecimento da prática da infração penal, a autoridade policial deverá: (...) III – colher todas as provas que servirem para o esclarecimento do fato e suas circunstâncias; (...) V – ouvir o indiciado (...)".[211]

Depreende-se, da dicção supra, que, após a formalização do flagrante, ainda em esfera policial, as provas[212] já foram apreendidas. Sendo este o objetivo do flagrante, e residindo em tal apreensão o *periculum libertatis* desta espécie prisional, tem-se que, após dita "colheita proba-

---
[209] FERRAJOLI, Luigi. *Derecho y Razón*: teoria del garantismo penal, p. 559.
[210] Tal afirmação não significa concordância com a existência, em nosso ordenamento, da prisão preventiva mas, tão somente, a constatação de um fato.
[211] Artigo 6º, *Código de Processo Penal Brasileiro*, sem grifo no original.
[212] Utiliza-se, aqui, o termo "provas", apenas para se coadunar com o texto legal. Entretanto, sob um viés garantista não há que se falar em "prova" sem que, para a produção da mesma, tenha se estabelecido, primeiro, contraditório e ampla defesa.

tória", a liberdade do acusado em nada mais prejudica (se dita liberdade for interferir na preservação das provas ou se o Magistrado, por exemplo, desejar mais algum elemento probatório, volta-se ao ponto: é o caso de preventiva ou de "devido processo legal" e suas implicações garantistas, e não de flagrante).

Não bastasse o caráter limitado do flagrante enquanto medida pré-cautelar, não se deve ignorar que, considerando o "estado de emergência" vivido e sentido pela população, e conjugando-se tal fator com a possibilidade de que "qualquer um do povo" pode prender em flagrante ou, ainda que poder exercido pela polícia, percebendo-se a pressão social e política que esta suporta, tem-se em mãos os ingredientes para a realização de assombrosas arbitrariedades, realizadas ao largo de critérios racionalistas e motivadas, porque não, apenas em sentimentos que se detêm sobre o fato e sobre o agente que o praticou. Luciano Caseiro, na dicção de Delmanto Júnior, referindo-se à apreciação do flagrante delito, adverte:

"(...) o apreciador, em razão da premência da apreciação, se isola de qualquer elemento de prova, como inclusive ao apreciador não é obrigatória a qualidade de culturalmente habilitado, e como também, além de tudo, não estará ele isento das comoções sentimentais, próprias da visão do fato, visto aprioristicamente como mal à sociedade (...)".[213]

Em suma, é uma prisão que se efetua ao largo de qualquer espécie de garantia individual, ainda que, após realizada, venha a ser objeto de apreciação judicial.

O autor, face à precariedade do flagrante – por força de sua origem – continua:

"O que se não pode porém deixar de afirmar é que, pelas condições de sua natureza, essa apreciação é

---

[213] DELMANTO JÚNIOR, Roberto. *As modalidades de prisão provisória e seu prazo de duração*, p. 97.

a mais falha, a que mais se aproxima da apreciação rude e *ipso facto* a que mais se distancia da exatidão científica, em decorrência do que mais se distancia da possibilidade da boa aplicação da justiça. Isto porque, melhor será a aplicação da justiça quanto mais próxima estiver da exata verificação da verdade, e mais próxima estará a justiça da verificação da verdade quanto mais científica for essa verificação".[214]

Inobstante a precariedade desta modalidade prisional quando encarada frente aos agentes que podem realizá-la, além de seu específico entendimento quanto ao alcance do *periculum libertatis* e do *fumus comissi delicti*, tem-se que o CPP, consoante sua exposição de motivos, flexibilizou o conceito de "flagrante delito", permitindo que dito aprisionamento ocorra mediante presunções de autoria e realização do ato, passo este que, em nosso entendimento, configura-se em clara violação ao preceitos constitucional.

2.6. Presunções no flagrante

"Todos os interesses momentâneos – ainda quando realizados – não logram compensar o incalculável ganho resultante do comprovado respeito à Constituição, sobretudo naquelas situações em que sua observância revela-se incômoda".[215]

Como dito, desprezando-se o entendimento doutrinário que fornece ao flagrante o sentido de "certeza visual do fato", sua tipificação junto ao CPP traz a previsão de situações onde a prisão do sujeito poderá e irá ocorrer, tão-somente, com fulcro em uma presunção de autoria em relação ao fato. Por isto, e sem entrar-se,

---

[214] DELMANTO JÚNIOR, Roberto. *As modalidades de prisão provisória e seu prazo de duração*, p. 95.
[215] HESSE, Konrad. *A Força Normativa da Constituição*, p. 22.

ainda, na análise específica de cada uma destas situações, é que se afirma, sem embargo, que o maior problema desta modalidade prisional encontra-se na aplicabilidade acrítica e vulgarizada de tais hipóteses. Em verdade, ao considerar-se a força do flagrante enquanto instrumento político (que se presta à satisfação imediata do desejo de punir), o que se denota do cotidiano fático-processual é que esta medida é unanimemente aceita, em todas as suas variantes, sem que, para tanto, haja o mínimo de indagação quanto à validade das mesmas.

Tal fenômeno, nos dizeres de Zaffaroni, é denunciado como "burocratização" do sistema, passo este que se reflete, consoante o autor, em "(...) respostas estereotipadas, a conformidade com os modelos 'de sempre', a 'ineficácia treinada' através da elevação dos meios a categoria dos fins (...)".[216] As razões desta espécie de comportamento são várias e não passíveis de enumeração taxativa. Entretanto, e em acordo com o objetivo do presente trabalho, ressaltam-se duas, quais sejam (1) o desejo de se fornecer ao corpo social uma impressão de eficácia no combate ao crime e (2) a confusão que se estabelece, ainda hoje, entre legalidade e legitimidade da norma jurídica.

O estado de emergência social hoje vivenciado, assim como as conseqüências de tal situação junto ao direito penal e processual penal, já foram objetos de análise em momento anterior. Repete-se, apenas, que o descrédito do direito penal como instrumento de proteção social acaba por fortalecer o uso do processo penal, através de suas prisões provisórias, como fonte de tutela antecipada desta mesma sociedade, fornecendo ao mesmo um caráter de direito material que, em tese, não deveria ser-lhe outorgado. Para Ibáñez, "(...) la calidad del trato que en él reciben las pretensiones y los intereses materiales objeto de debate repercuten de forma, en alguna medida, constitutiva sobre estos mismos y, por tanto, sobre los titulares, es decir, los sujetos de la

---

[216] ZAFFARONI, Eugenio Raúl. *Em Busca das Penas Perdidas*, p. 142.

'relación procesal'. La forma condiciona, cuando no predetermina aspectos esenciales del fondo (...)".[217] O autor, em continuidade ao alegado, referindo-se, mais especificamente, a processos de matiz inquisitória, ainda afirma: "En tales supuestos, el instrumento se carga de implicaciones materiales convirtiéndose él mismo en una contradictoria especie de 'medio-fin', que antecipa desde el inicio consecuencias penalizadoras de carácter irreversible".[218]

A associação entre os conceitos de legitimidade e legalidade, por sua vez, além de afigurar-se em manobra típica de um "positivismo contemplativo",[219] acaba por coroar o comportamento ora criticado, fornecendo-lhe uma aura de adequação social e jurídica.

Acompanhando-se o raciocínio de Carvalho, "(...) o positivismo legalista e o dogmatismo associaram a idéia de legalidade com legitimidade, pressupondo a regularidade dos atos do poder".[220] Continuando no tema, e após a advertência de que as categorias em análise são distintas, o autor afirma: "(...) esta concepção puramente formal da validade é fruto de uma simplificação, legada da concepção onipotente do legislador no Estado liberal e derivada de uma incompreensão da complexidade do termo legalidade no Estado constitucional de direito".[221]

Apoiando-se a posição supramencionada, não há como se discordar do entendimento de que a banalização do uso do flagrante em todas as suas hipóteses configura-se em grave omissão, por parte dos operadores jurídicos, no que tange ao aceite de normas que, francamente, não foram acolhidas por nossa Constituição Federal. Em verdade, ditos operadores escondem-se trás do manto da legalidade como se tal premissa fosse o

---

[217] IBÁÑEZ, Perfecto Andrés. Garantismo y Proceso Penal. *Revista de La Facultad de Derecho de La Universidad de Granada*, p. 47.
[218] Id., ibid.
[219] Neste sentido, CARVALHO, Amilton; CARVALHO, Salo de. *Aplicação da Pena e Garantismo*, p. 21.
[220] Idem, p. 22.
[221] Id., ibid.

suficiente para garantir-lhes a legitimidade do (não) agir.

A perdurar tal situação, acabar-se-á concluindo que, infelizmente, Lassale estava com a razão quando, nos dizeres de Hesse, afirmou que "esse documento chamado Constituição – a Constituição jurídica – não passa de um pedaço de papel (eis Stück Papier[222])". Para Lassale, a Constituição deveria ser entendida enquanto carta política do país, em oposição ao conceito de carta jurídica, eis que espelha, apenas, as relações de poder vigorantes no Estado. Como conseqüência de tal entendimento, conclui o autor, ainda nas palavras de Hesse, que "(...) o poder da força afigura-se sempre superior à força das normas jurídicas (...)",[223] passo este corroborado por Jelinek, para quem "(...) regras jurídicas não se mostram aptas a controlar, efetivamente, a divisão de poderes políticos. As forças políticas movem-se consoante suas próprias leis, que atuam independentemente das formas jurídicas".[224]

Entretanto, ainda que difícil contestar-se tais pensamentos, justamente pela observância dos fatos em sua concretização diária, prefere-se adotar o entendimento, já exposto, de que a Constituição do país, enquanto lei maior, traz consigo a conjugação dos fatores sociais, políticos e jurídicos, ultrapassando o limite que lhe é imposto enquanto "carta política de intenções" e configurando-se em "carta política de intenções e jurídica de ações".

Hesse, em tal sentido, afirma:

"A Constituição não configura, portanto, apenas expressão de um ser, mas também de um dever ser; ela significa mais do que o simples reflexo das condições fáticas de sua vigência, particularmente as forças sociais e políticas. Graças à pretensão de efi-

---
[222] LASSALLE, Ferdinand apud HESSE, Konrad. A Força Normativa da Constituição, p. 9.
[223] Idem, p. 10.
[224] JELLINEK, Georg apud HESSE, Konrad. Op. cit., p. 10.

cácia, a Constituição procura imprimir ordem e conformação à realidade política e social. Determinada pela realidade social e, ao mesmo tempo, determinante em relação a ela, não se pode definir como fundamental nem a pura normatividade, nem a simples eficácia das condições sócio-políticas e econômicas".[225]

Aceitando-se esta dupla face do constitucionalismo, mister diferenciar-se, de plano, os conceitos de legalidade e legitimidade da norma, percebendo, inclusive, ser a confusão existente entre ambos uma opção política, e não jurídica, por parte dos operadores do direito.

Nesta senda, o conceito de legalidade da norma expressa, tão-somente, sua adequação formal ao procedimento legislativo, ou seja, se todas as etapas para a criação de um mandamento jurídico foram devidamente seguidas, ter-se-á uma norma "legal".

A legalidade normativa, entendida por este viés formalístico, existe e deve continuar existindo enquanto garantia máxima erigida em prol dos indivíduos frente a possíveis abusos por parte dos poderes da república que, sem a necessidade de cumprirem para com os ritos que lhe são impostos, poderiam abusar de suas forças através de éditos totalitaristas. Tal legalidade, em suma, representa o traço positivo da burocracia que surge com o Estado Moderno e garante, ao menos enquanto princípio, a igualdade de todos perante a lei.

Entretanto, de que adiantariam tais ritos se, frente à substância regulada pela norma, nenhum limite houvesse? Se a legalidade nasce como formalidade apta ao papel de limitar o uso do poder, de que adiantaria a mesma se não fosse complementada por valores que limitassem, também, a espécie de matéria a ser ventilada junto à norma?

---
[225] HESSE, Konrad. *A Força Normativa da Constituição*, p. 15.

A busca de tais valores é que irá conferir legitimidade à norma ou, dito de outra maneira, "(...) no se trata de garantizar únicamente 'reglas del juego', sino sobre todo el respeto real y profundo de los 'valores en juego (...)".[226] Percebe-se, pois, que de nada adiantará cumprirem-se os caminhos instrumentais de promulgação da lei se esta, em seu conteúdo, trouxer medida que sirva como fomento da desigualdade social, política ou jurídica, afrontando, assim, os valores conquistados em séculos de humanismo. Norma legítima, então, é aquela que se coaduna com os postulados de um Estado Democrático de Direitos, trazendo, consigo, o respeito indeclinável pela figura do indivíduo.

Devidamente distinguidos os conceitos, retorna-se ao conflito entre a aplicabilidade das hipóteses do flagrante que não derivam da certeza visual do ato (ou seja: derivam de uma presunção *in mallam partem*) e o princípio constitucional da presunção de inocência. Ditas hipóteses são, em princípio, legais, eis que a formulação das mesmas obedeceu aos critérios formalísticos de promulgação de lei; serão, entretanto, legítimas?

Olvidando-se uma discussão em nível histórico, onde poder-se-ia perquerir se determinado regime político, observado em acordo com os elementos culturais de uma determinada época, pode legitimar uma específica opção de valores a serem defendidos mediante força e lei, o que interessa para o debate ora travado é que nosso código processual é de expressa inspiração fascista. Tais valores – fascistas – informaram a produção de nosso diploma processual penal e, frise-se, continuam a informar o conteúdo das decisões judiciais frente aos casos em concreto. Desta maneira, o ponto de onde surge o problema reside, justamente, na consagração de valores fascistas em uma sociedade que se diz democrática de direito.

---
[226] IBÁÑEZ, Perfecto Andrés. Garantismo y Proceso Penal. *Revista de La Facultad de Derecho de La Universidad de Granada*, p. 49.

A legalidade das normas processuais reguladoras das hipóteses de flagrante que ocorrem sem a certeza visual do delito não traz consigo, contemporaneamente, o resguardo dos valores que a Constituição Federal de nosso país elegeu como diretrizes de nossa ordem social, política e jurídica. São legais, como já dito, mas, respondendo-se ao questionamento supra, carecem de legitimidade.

Para ratificar-se tal idéia, necessário perceber-se que a ideologia fascista, nos dizeres de Eco,

> "(...) não pode deixar de pregar um 'elitismo popular'. Todos os cidadãos pertencem ao melhor povo do mundo, os membros do partido são os melhores cidadãos, todo cidadão pode (ou deve) tornar-se membro do partido. Mas patrícios não podem existir sem plebeus. O líder, que sabe muito bem que seu poder não foi obtido por delegação, mas conquistado pela força, sabe também que sua força baseia-se na debilidade das massas, tão fracas que têm necessidade e merecem um 'dominador'. No momento em que o grupo é organizado hierarquicamente (segundo um modelo militar), qualquer líder subordinado despreza seus subalternos e cada um deles despreza por sua vez os seus subordinados. Tudo isso reforça o sentido de elitismo de massa".[227]

Percebe-se, daí, que o ideário fascista persegue seu objetivo através de instrumentos que visam motivar, nos cidadãos, a intolerância para com o "diferente", eis que, e somente assim, se realçariam as "qualidades" do "normal" (fascista). A própria exposição de motivos de nosso CPP, ao colocar em confronto "o interesse da administração da justiça" com "(...) a afrontosa intangibilidade de criminosos" nada mais faz do que preservar, motivar e positivar a diferença entre cidadãos de um mesmo país, pois, além de criar duas distintas categorias

---

[227] ECO, Umberto. O Fascismo Eterno. In: *Cinco Escritos Morais*, p. 48.

de cidadãos (normais e desviantes), ressalta que, aos indivíduos pertencentes à primeira hipótese (cidadãos "de bem"), preocupados com a administração da justiça, não deve ser própria a preocupação para com os diferentes, taxados, *a priori*, de criminosos, cuja intangibilidade (leia-se: tolerância) apenas traz consigo prejuízo para a sociedade.

Uma sociedade democrática de direito, por sua vez, traz consigo um ideário oposto ao apregoado pelo fascismo. Defende-se, aqui, uma sociedade calcada na tolerância e respeito para com as diferenças materiais, e a marca de tal entendimento resulta clara quando se percebe a eleição do princípio da igualdade formal como norteador do aparato jurídico estatal (que, em resumo, passa a seguinte mensagem: por mais diferente que seja o indivíduo, será, o mesmo, tratado pelo Estado como qualquer outro cidadão).

Buscando-se entender qual o papel desta opção política junto ao processo penal, necessário relembrar-se uma contundente observação de Carnelutti, para quem o processo penal, em um primeiro momento, castiga, para, após, verificar se o indivíduo deverá ou não ser formalmente condenado.[228] Neste sentido, destaca-se, também, a advertência de Ibáñez: "(...) hay actuaciones procesales que, incluso realizadas con el máximo de delicadeza que que permiten, consideradas en la pura materialidad de las acciones en que se concretan, tienen una inquietante semejanza con gravísimas acciones delictivas".[229] Desta forma, constatada a violência intrínseca ao próprio ato de processar-se alguém, conclui-se, junto com o autor, que a diferença entre o ato procesual e o ato criminoso, por vezes, "(...) sólo puede radicar en el sentido y el respeto profundo de las garantias. Que aquí emerge bajo la forma de la consideración de la

---

[228] Neste sentido ver CARNELUTTI, Francesco, na obra *As Misérias do Processo Penal*.
[229] IBÁÑEZ, Perfecto Andrés. Garantismo y Proceso Penal. In: *Revista de La Faculdad de Derecho de La Universidad de Granada*, p. 50.

importancia y naturaleza del bien jurídico que se trataría de tutelar mediante el proceso y de la de los bienes jurídicos puestos en riesgo por éste (...)".[230]

Versando-se, pois, sobre a opção política de estruturar-se uma sociedade de "iguais", e não se olvidando da violência institucional que permeia o processo penal, constata-se que as garantias a serem estabelecidas em prol do indivíduo, no sentido de limitar a intervenção estatal, adquirem singular importância, e devem ser compreendidas, pelo viés ora abordado, em planos diversos. Desta forma, a par das garantias processuais propriamente ditas, deve-se trabalhar com o conceito de garantias orgânicas, "(...) llamadas a operar como precondición de las propriamente procesales".[231] Tais garantias informam, por exemplo, a maneira pela qual os instrumentos processuais deverão se concretizar frente ao caso, obrigando o julgador a fornecer ao acusado tratamento em acordo com suas diretrizes.

Por tal ótica, e considerando-se que todos são iguais perante a lei, o princípio da presunção de inocência inclui-se neste rol de garantias orgânicas, vinculando a produção legislativa e direcionando a atuação do juiz no que tange à aplicabilidade do direito material e à espécie de tratamento a ser fornecido ao indivíduo enquanto processado.

Crê-se que, em um país onde a única presunção abarcada pela Carta Magna é a de inocência, presunção esta que, consoante o já analisado, gera efeitos materiais e processuais, a permissão para que a prisão de indivíduos ocorra com fulcro em presunções de um agir criminoso somente pode ser explicada através de argumentos metajurídicos, a bem dizer, de cunho eminentemente políticos. Tal passo significa um profundo desprezo pelos valores garantidos em nossa Constituição, e demonstra que em nossa sociedade, a concepção

---

[230] IBÁÑEZ, Perfecto Andrés. Garantismo y Proceso Penal. In: *Revista de La Facultad de Derecho de La Universidad de Granada*, p. 50.
[231] Id., ibid.

de Lassale continua a viger no plano fático, ou seja, nossa Carta Magna não passa de "um pedaço de papel". Tal situação, por óbvio, não poderia existir. Em existindo, deve ser objeto de cotidiana denúncia, eis que retrato de uma concepção totalitarista de Estado, onde o poder é que regula, primariamente, as interações sociais. Consoante Ferrajoli, citado por Ibáñez, "(...) el juicio penal es un 'saber-poder'. Un proceso de adquisición de conocimiento com una ineliminable dimensión coactiva en aspectos centrales de su desarrollo, a cuyo resultado puede asociarse un penetrante ejercicio de poder sobre la o las personas objeto de enjuiciamento".[232] Percebendo-se a inafastabilidade de uma relação de poder entre Estado e indivíduo, a administração deste relacionamento entre o poder e o saber é que irá ditar a espécie de processo a que se fala, sendo que, pela matiz garantista, "(...) la dimensión de poder, como coacción afectante a los sujetos pasivos de actiaciones procesales, tendrá que ocupar un lugar secundário y permanecer sujeta a reglas muy estrictas, presididas por el principio de necesidad y por el respeto de los derechos fundamentales (...)".[233]

Consoante o exposto em item supra, a figura do aprisionamento sem culpa encontra-se devidamente formalizada em nossa Constituição, através da expressa aceitação do flagrante. Se o "poder" encontra-se aceito pela ordem constitucional, e considerando-se que a Carta Magna utiliza a expressão "flagrante" sem, no entanto, defini-la de forma taxativa, ou seja, sem explicitar que espécie de "saber" irá orientar o exercício desta medida, cabe ao operador jurídico, confrontando dita previsão com o diploma processual, em seu artigo 302, verificar, das hipóteses neste previstas, quais encontram-se recepcionadas pela Constituição.

---

[232] IBÁÑEZ, Perfecto Andrés. Garantismo y Proceso Penal. In: *Revista de La Facultad de Derecho de La Universidad de Granada*, p. 54.
[233] Id., ibid.

Neste sentido já se apontou que a possibilidade do aprisionamento sem culpa, não obstante certas posições doutrinárias e jurisprudenciais, sempre irá atingir a presunção de inocência, passo este que somente poderá se realizar graças ao princípio da proporcionalidade. Desta maneira, se já está-se a versar sobre um afastamento de princípio constitucional, torna-se óbvio que esta medida somente deverá ocorrer, primeiro, por força de outro princípio de igual envergadura (proporcionalidade) e, segundo, em situação extremada. No caso do flagrante, tal excepcionalidade, em nosso entendimento, será permitida, exclusivamente, quando houver a já mencionada "certeza visual do ato".

Tal conclusão nos parece óbvia. Na medida em que o flagrante é medida pré-cautelar, de caráter precário, administrativo, podendo ser exercido por "qualquer um do povo", e considerando que o objetivo desta prisão reside na preservação do bem jurídico e na indicação de elementos que possibilitem o exercício da futura ação penal, não há como se permitir, ante o princípio da presunção de inocência, que se presuma a realização do ato por parte do agente.

A utilização do princípio da proporcionalidade, aqui, deve se realizar com extrema cautela. Havendo a certeza visual do ato, detém-se, por óbvio, um determinado "saber", representando, este, pela certeza de autoria, certeza de materialidade e presença de nexo causal. Presentes os elementos do tipo penal, ou seja, sabendo-se que o agente realizou ato descrito em lei e taxado como delito, relativiza-se, tão-somente, e também em caráter de absoluta precariedade, a inocência do agente frente ao ato realizado. A relação entre saber e poder encontra-se, nesta hipótese, adequada, pois se conhece a existência de um fato típico e se exerce o poder, de forma precária, no intuito, apenas, de se viabilizar a proteção ao bem jurídico e o interesse de um futuro processo.

Ao revés, nas hipóteses onde a visibilidade do ato não se faz presente, relativiza-se a presunção de inocência frente (1) à autoria, (2) à própria materialidade, dependendo de que ato se está a versar[234] e (3) à culpa do agente frente a tais elementos, ou seja, não se parte de nenhum elemento em concreto que pudesse autorizar a medida coativa.

Não bastasse tal conclusão, a ausência destes dados concretos é "suprida" pela espécie de interação que o indivíduo preso detém, enquanto ser simbólico, frente ao ato que lhe imputam. Para melhor explicitar o afirmado, necessário buscar-se a lição perpetrada pela teoria criminológica da reação social.

Como o próprio nome desta corrente informa, a maneira pela qual se dá a interação entre indivíduo e sociedade é que irá designar o conceito de desvio e desviante (delito e delinqüente).

Não bastasse esta relativização de conceito de crime e criminoso, e voltando-se ao tema que ora se aborda, qual seja a presunção de autoria frente ao ato como fonte legitimadora das presunções no flagrante, deve-se atentar ao fato de que, no entendimento interacionista, não basta que o indivíduo tenha cometido um comportamento que se amolde ao ditame legal (e, por conseqüência, ao comportamento rotulado) para que seja tido como desviante; dois indivíduos podem realizar uma ação idêntica e, mesmo assim, somente será etiquetado com tal conceito aquele que se amoldar ao símbolo inconsciente do que venha a ser um "criminoso". Desta maneira, torna-se necessária a observância da vítima (quem foi o lesado) e do praticante do ato (em sua posição social e econômica), sendo que o reflexo destes dois fatores frente à sociedade (o grau em que a sociedade reage frente ao ato, considerados os fatores

---

[234] Neste sentido, poder-se-ia utilizar, como exemplo, os crimes formais e de mera conduta. Na medida em que, para tais espécies delituosas, não se exige a produção de um resultado naturalísico, como se afirmar materialidade sem que, para tanto, ocorra a certeza visual do ato?

retro) é que irá determinar a reação e, conseqüentemente, o valor probatório de tal presunção.

Com fulcro em tal entendimento, e em acordo, também, com o preconizado por Malatesta, a presunção que "autoriza" as espécies de flagrante ora abordadas ancora-se na crença do agente aprisionador na sintonia entre (1) o preso, (2) objetos que carrega consigo, (3) local onde se encontra e (4) a espécie de delito cometido.

Em suma, está-se a falar sobre uma verdadeira operação inconsciente, baseada em conceitos preexistentes e de fulcro ideológico por parte de quem prende, ao invés de elementos concretos de autoria e materialidade.

A fragilidade de tal material probatório é incontestável, autorizando a conclusão de que, nestes casos, a relação entre poder e saber se encontra totalmente desestabilizada, eis que nada se sabe e, ainda assim, se exerce o poder.

Partindo-se pois, da premissa garantista de que o processo penal deve respeitar, sempre, as garantias do indivíduo frente ao exercício de poder por parte do Estado, e entendendo-se que tais garantias, no caso do flagrante, somente se encontram salvaguardadas quando da visibilidade do ato, é que se analisa e critica as hipóteses de tal prisão encontradas junto ao art. 302 de nosso CPP.

3. A prisão em flagrante no CPP

3.1. A violência do flagrante em sua origem; o artigo 302 e suas modalidades

3.1.1. Flagrante próprio (inciso I)

O artigo 302, CPP, estabelece, no inciso ora em tela, que estará em flagrante delito aquele que "(...) está cometendo a infração penal".

Tal inciso encerra o conceito estrito de flagrante, eis que se refere à prisão que ocorre no momento do delito, ou seja, enquanto a ação criminosa está a "arder".

Voltando-se aos objetivos da prisão em flagrante, quais sejam a proteção ao bem jurídico ameaçado e garantia da prova de autoria e materialidade à futura e provável ação penal (objetivos jurídicos, frise-se), tem-se que tal inciso traz consigo tanto a existência do *periculum libertatis* quanto do *fumus comissi delicti*, o primeiro concretizado tanto frente ao perigo ou dano que a ação desenvolvida representa ao objeto ameaçado quanto junto à apreensão imediata da prova e o segundo, por óbvio, junto aos elementos colhidos com a prisão, eis que efetuada através da certeza visual do ato e de sua autoria.

Carnelutti, em análise a esta específica situação, refere que o flagrante

"(...) no es la actualidad, sino la visibilidad del delito". Vai mais longe: (...) supuesto, por tanto, el delito flagrante como un delito que da la certeza de

sí, lo que hemos llamado el costo del aislamiento del imputado y consiste en el riesgo de injusticia de la imputación, se reduce al mínimo, de manera que no hay razón de no recurrir a la medida cautelar (...)".[235]

Em concordância com tal idéia, depreende-se que o inciso ora retratado encontra-se devidamente legitimado frente à Constituição Federal e ante os princípios internacionais de proteção aos Direitos Humanos.

Corroborando tal afirmação, observa-se:

1) A presunção de inocência que, em nosso entendimento, é relativizada graças ao princípio da proporcionalidade, encontra, aqui, elemento legítimo à tal operação, eis que poucos são os elementos probatórios mais contundentes do que o testemunho ocular de um fato. Graças a isto, torna-se proporcional a medida que prive o indivíduo de sua liberdade como forma de se garantir a colheita imediata dos elementos referentes ao ato.

Indo além, é de se notar que a hipótese descrita no inciso primeiro é a única que permite a prisão de um indivíduo antes da própria consumação do delito (basta, para tanto, que a fase executória do *iter criminis* já tenha se iniciado), ou seja, relativiza-se a presunção em prol da própria defesa do bem jurídico ameaçado pela agressão.

2) O princípio da necessidade, como corolário lógico do momento em que se efetua o dito flagrante, resta obedecido, eis que, preso no momento de realização do ato, se impede, de fato, que a prova venha a ser adulterada em momento futuro, ainda que próximo, além de, como afirmado, ser a prisão, em certos casos, verdadeira manobra impeditiva de ocorrência do delito (um exemplo típico de legítima defesa).

3.1.2. Flagrante próprio (inciso II)

Referido inciso entende que estará em flagrante delito quem "acaba de cometer a infração penal"("acaba

---
[235] CARNELUTTI, Francesco. *Lecciones sobre el Proceso Penal*, v. II, p. 79.

de cometê-la"), passo este que nos legitima a afirmar a inexistência da visualização do ato em si e, sim, tão-somente, uma forte presunção de que aquele determinado indivíduo foi quem o realizou. Como dito em capítulo supra, relativiza-se, aqui, a própria existência do ato, a autoria frente ao mesmo e a culpa do agente. Em verdade, não está-se a relativizar a presunção de inocência, e, isto sim, em desprezá-la de forma absoluta enquanto princípio.

Tourinho Filho afirma que, no presente caso, "(...) deve haver uma relação de 'quase' absoluta imediatidade. Assim, por exemplo, se alguém surpreende uma pessoa com a faca suja de sangue e, ao seu lado, prostrada ao chão, outra com o peito sangrando, é sinal de que 'acabou de cometê-la".[236]

A afirmação supra demonstra de forma incontestável que, da certeza do ato, adentra-se no campo das presunções. Obviamente que exemplos "radicais", como uma pessoa segurando uma "faca suja de sangue", facilitam a exposição de uma idéia, mas jamais se pode olvidar o caráter geral que detém o Direito e, ainda, a parcela minoritária dos delitos cometidos com violência. Partir-se para a construção e legitimação de uma teoria normativa utilizando-se, para tanto, de um ou outro exemplo prático, transforma-se no que Ferrajoli classifica de "falácia normativista". No caso em análise, busca-se a legitimação do estado de flagrância – ainda que não mais existente a ação – através de um exemplo onde o aprisionamento do indivíduo aparece, ainda que de forma inconsciente, como medida necessária, eis que, utilizando-se a figura criada por Tourinho Filho, se uma pessoa detém uma faca em sua mão, ao lado de um cadáver coberto de sangue e facadas, torna-se[237] óbvia a autoria e a materialidade e, neste diapasão, a prisão do agente estaria a cumprir de forma exemplar sua função

---
[236] TOURINHO FILHO, Fernando da Costa. *Código de Processo Penal Comentado*, p. 543.
[237] "Torna-se" no sentido de se condicionar uma idéia.

frente ao processo, ou seja, restaria justificada a inclusão de tal modalidade dentro do tema "flagrante".

Percebe-se claramente que se parte de uma situação aprioristicamente delimitada, qual seja a de que a posse de determinado objeto, ou a presença de uma pessoa em um determinado local implicam, necessariamente, sua participação junto ao fato e, por isso, justificada a medida de aprisionar-se em flagrante. O equívoco deste pensamento reside, nas palavras de Ferrajoli, no fato de que

> "(...) las justificaciones, en efecto, se obtienen 'a posteriori', sobre la base de la correspondencia comprobada entre los fines justificadores y las funciones efectivamente realizadas. Cuando una justificación es apriorística, es decir, prescinde de la observación de los hechos justificados, queda degradada a ideología normativista o idealista".[238]

Desta maneira, o raciocínio a se realizar no sentido de perquerir-se quanto à legitimidade de se considerar em estado de flagrância um indivíduo que não foi visto cometendo o ato é se, ante o (des)conhecimento que nos é trazido pela complexidade do mundo moderno, pode-se afirmar a existência de uma determinada situação com fulcro, apenas, na utilização de uma lógica indutiva ou dedutiva, em ambos os modelos, identitária.[239]

Nesta seara, consoante Morin,

> "uma tal lógica é estritamente aditiva e não pode conceber as transformações qualitativas ou as emergencias que sobrevêm a partir das interações organizacionais. Ela fortalece o pensamento linear, que vai da causa ao efeito, e faz obstáculo à inteligência da retroação do efeito sobre a causa (...) essa

---

[238] FERRAJOLI, Luigi. *Derecho y Razón*: teoria del garantismo penal, p. 325.
[239] Consoante MORIN, Edgar; LE MOIGNE, Jean-Louis. *A Inteligência da Complexidade*, p. 97: "(...) a indução, a dedução e os três axiomas identitários de Aristóteles asseguram a validade formal das teorias e raciocínios(...) o núcleo da lógica clássica tomou um valor universal e intransgressível nos sistemas racional-empíricos clássicos".

lógica armou a concepção de um mundo coerente, inteiramente acessível ao pensamento, e tudo aquilo que excedia essa coerência se torna não somente fora da lógica, mas também fora do mundo e fora da realidade".[240]

Tal assertiva é, em verdade, uma denúncia que se ergue contra o pensamento simplificador que se originou na renascença e permeia nossa atualidade. Se os Direitos Fundamentais nasceram em tal época, não seria errado se afirmar, também, que as maneiras de se aviltarem tais direitos lá se originaram, ainda que por um equívoco derivado da boa-fé. Na medida em que a Razão dialética se reduz ao raciocínio lógico dedutivo/indutivo, tem-se que esta "(...) só concebe os objetos simples que obedecem às leis gerais (...) produz um saber anônimo, cego, sobre todo o contexto e todo o complexo; ignora o singular, o concreto, a existência, o sujeito (...)";[241] no exemplo citado por Tourinho Filho, ignoram-se todas as peculiaridades de um caso real, partindo-se da premissa de que, quem carrega a faca, é quem esfaqueou. Infelizmente se constata, aderindo-se ao pensamento de Morin, que a utilização deste mecanismo simplificador

"(...) é de uma terrível eficácia. Atirando o complexo nas latas de lixo, sustentando o quantificável e o algoritmável, isolando seus objetos e comprometendo as experimentações, ela permitiu e desenvolveu a manipulação de inúmeras vitórias técnicas, ignorando contudo os efeitos perversos que elas podem engedrar".[242]

É verdade que, se prescindirmos de tal lógica, estaremos inviabilizando a própria sentença condenatória em processos onde não tenha ocorrido a visualização do

---

[240] MORIN, Edgar; LE MOIGNE, Jean-Louis. *A Inteligência da Complexidade*, p. 99.
[241] Idem, p. 100.
[242] Idem, p. 97.

ato. Entretanto, já que ainda necessária, que pelo menos se limite a utilização da mesma em acordo com os princípios constitucionais citados, notadamente, no caso específico, a presunção de inocência. Desta maneira, se temos que utilizar uma premissa, que seja a da inocência; se temos que, porventura, ultrapassá-la através do raciocínio lógico, que tal fato se dê apenas em sentença, momento este em que o acusado já dispôs de suas armas racionais para refutar os elementos da acusação.

Voltando-se ao flagrante: percebendo-se a utilidade da lógica como forma de simplificar o conhecimento e ignorar a própria realidade através das nuances que lhe são características; verificando ser a mesma um excelente instrumento de manipulação do saber e, ao fim, sabendo-se que a prisão em flagrante pode ser efetuada por "qualquer um do povo", a união desta legitimidade ativa ao raciocínio que despreza o preconceito social/racial e a "necessidade humana" de se punir "alguém", não se transforma em elemento apto à concretização de uma verdadeira aberração jurídica?

Para Garraud, citado por Espínola Filho,

> "(...) nessa hipótese –inciso II, art. 302, CPP – não se pode dizer, com uma exatidão rigorosa, seja flagrante o delito: a chama, para levar até o fim a mesma figura, extinguiu-se; o que resta são vestígios quentes, ainda, ou cinzas fumegantes (...)".[243]

Paula Pessoa, também citada por Espínola Filho, segue a mesma linha: "se em lugar de se cometer atualmente, o delito acaba de se cometer, se não pode dizer mais com exatidão que êle seja flagrante (...)".[244]

Inobstante tais observações, Espínola Filho, concordando com jurisprudência de sua época, sinala:

> "Bem entendido, o tempo que se escôa entre o momento, no qual a autoridade, advertida de que um

---

[243] GARRAUD apud ESPÍNOLA FILHO, Eduardo. *Código de Processo Penal Brasileiro Anotado*, p. 325.
[244] PAULA PESSOA apud ESPÍNOLA FILHO, Eduardo. *Op. cit.*, p. 324.

delito acaba de cometer-se, que há traços de infração, por exemplo, que acaba de ser descoberto, ainda quente, o cadaver da vítima de um assassinato, etc., e o transporte, que segue tal descoberta, não poderia fazer perder, ao delito, o seu caráter de flagrância".[245]

Em que pese esta última argumentação, cremos que, no caso retratado pelo inciso segundo do artigo 302, CPP, o flagrante já deixou de ser uma qualidade da ação, passando a ser uma "qualidade da pessoa", ou seja, não mais importa a ação[246] mas, isto sim, a dedução que se faz com fulcro na imagem de uma determinada pessoa e sua relação com o ato cometido. Neste sentido, "aquela pessoa, em um determinado momento, e por determinadas circunstâncias, encontra-se em flagrante"(...) Consoante Carnelutti, "(...) la flagrancia no es un modo de ser del delito en si, sino del delito respecto a una persona; y, por eso, una cualidad absolutamente relativa; el delito puede ser flagrante respecto a Ticio y no flagrante respecto a Cayo (...)".[247] Nos dizeres de tal autor, o flagrante não recai sobre a ação ou sobre a pessoa, mas sim sobre a relação havida entre a mesma e o ato praticado. Desta maneira, seguindo em seu ensinamento, observa que, ante a ausência de visibilidade desta relação, "(...) el concepto de flagrancia se extiende de la percepción de la acción del delito a la percepción de una conducta o, en general, de un estado de la persona, de donde surge la presunción de que haya cometido poco antes el delito (...)".[248]

Isto posto, afirma-se, novamente, que a inexistência da imediatidade entre ato e prisão faz com que o relacionamento entre ato e pessoa seja desfigurado,

---

[245] ESPÍNOLA FILHO, Eduardo. *Código de Processo Penal Brasileiro Anotado*, p. 325.
[246] Até porque, dependendo do caso (crimes formais, etc.) nem mesmo pode-se afirmar que existiu ação.
[247] CARNELUTTI, Francesco. *Lecciones sobre el Proceso Penal*, v. II, p. 75.
[248] Idem, p. 79.

restando o flagrante como medida que se origina, somente, em face da pessoa a ser presa e, neste diapasão, tem-se que a prisão em flagrante de quem "acabou de cometer o crime" é, em verdade, a prisão de quem "presumidamente cometeu o ato". Tal situação, por si só, ainda que se valha ao fornecimento de carga probatória ao processo, desvirtua a relação já mencionada de *saber-poder*, e, analisada pelo viés constitucional de respeito aos princípios da presunção de inocência, da proporcionalidade das medidas coativas e, ao fim o caráter *ultima ratio* das mesmas (princípio da necessidade), não se encontra legitimada em nossa Carta Magna.

3.1.3. Flagrante impróprio (inciso III)

Aqui o Código de Processo Penal elenca, como hipótese de flagrante, situação onde o agente é preso ao fim de uma perseguição que se iniciou "logo após o delito", e "(...) em situação que faça presumir ser o autor da infração".

De tal conceito, duas hipóteses se abrem:

1) A ação criminosa é visualizada pela autoridade (ou por qualquer um do povo), sendo que esta se coloca em perseguição ao agente e, ao fim da mesma, consegue capturá-lo, ou

2) A ação criminosa não é presenciada pelo perseguidor, mas este, "por motivos outros", põe-se em perseguição a alguém que, "por determinadas circunstâncias", seja, presumidamente, autor do delito.

A primeira situação não acarreta maiores problemas, eis que a mesma traz em si, ainda que de forma velada, o respeito à forma estrita do flagrante, qual seja "certeza visual da ação criminosa". Através desta visualização, o perseguidor terá, quando da efetiva prisão do indivíduo, a certeza quanto à autoria e materialidade do fato, relativizando, somente, a inocência propriamente dita. Em verdade, estar-se-á versando sobre o flagrante próprio.

A segunda hipótese, entretanto, merece comentários, sendo que os mesmos devem se iniciar através do destaque da exposição de motivos de nosso Código que, versando sobre o tema, assim expressa:

> "A prisão em flagrante e a prisão preventiva são definidas com mais latitude do que na legislação em vigor. O 'clamor público' deixa de ser condição necessária para que se equipare ao 'estado de flagrância' o caso em que o criminoso, após a prática do crime, está a fugir. Basta que, vindo a cometer o crime, o fugitivo seja perseguido 'pela autoridade, pelo ofendido ou por qualquer pessoa, em situação que se faça presumir ser autor da infração': preso em tais condições, entende-se preso em flagrante delito. Considera-se, igualmente, em estado de flagrância o indivíduo que, logo em seguida à perpetração do crime, é encontrado 'com o instrumento, armas, objetos ou papéis que façam presumir ser o autor da infração'. O interesse da administração da justiça não pode continuar a ser sacrificado por obsoletos escrúpulos formalísticos, que redundam em assegurar, com prejuízo da futura ação penal, a afrontosa intangibilidade de criminosos surpreendidos na atualidade ainda palpitante do crime e em circunstâncias que evidenciam sua relação com este".

A dicção supra, idealizada a partir do modelo de Código de Processo Penal italiano da década de 30 (Código de Rocco), demonstra que o Brasil adotou não apenas a legislação mas, também, os ideais fascistas no que tange à segurança pública, ideais estes retratados na utopia denominada "portas abertas". Nesta seara, e considerando que esta mesma exposição de motivos faz menção expressa de louvor ao "jurista italiano", Coutinho ressalta que nosso diploma processual encontra-se

> "(...) marcado pela concepção fascista do processo penal e ancorado na tradição inquisitória, inclusive

da face processual da persecução, só não percebida por todos em razão da pouca perquirição que se faz das suas matrizes ideológicas e teóricas, a começar pelo velho código de processo penal italiano e seu inescrupuloso difusor e defensor, 'camìcia nera' de todos os instantes, Vincenzo Manzini".[249]

Neste sentido, e ainda sem adentrarmos na exegese do inciso propriamente dito, vale dissecar certas expressões utilizadas na exposição supra, demonstrando, de forma clara, quais os verdadeiros significados ali contidos. Para tanto, relembramos, primeiro, a dicção do artigo 131 do Código de Processo Criminal brasileiro de 1832:

> "Qualquer pessoa do povo póde, e os officiaes de justiça são obrigados, a prender, e levar á presença do Juiz de Paz do Districto, a qualquer que fôr encontrado commettendo um delicto, ou emquanto foge, perseguido pelo clamor publico. Os que assim forem presos, entender-se-ão presos em flagrante delicto".

Percebe-se que o legislador do século XIX, ao impor a existência do "clamor público" para configuração do flagrante, entendeu que o mesmo fornecia um melhor juízo de credibilidade à prisão, eis que trazia por escopo limitar a incidência do flagrante a quem tivesse sido visto cometendo o delito e, por força de tal ato, fosse

---

[249] COUTINHO, Jacinto Nelson de Miranda. *Efetividade do Processo Penal e Golpe de Cena*, p 140: Um Problema às Reformas Processuais. Continua o autor, em referência a Manzini e aos reflexos fascistas em nossa legislação: "Que ele foi um vigoroso articulador teórico do processo penal italiano não se pode negar; mas que era um terrível fascista – e expressa isto em sua obra – também não. Pior, porém, é o que se passa com a doutrina nacional, alienada em relação a problema do gênero, como sucedeu, por infelicidade – não se pode crer em outro fundamento – com José Frederico Marques, o primeiro grande escritor, no Brasil, de um direito processual penal que queria superar a base praxista ritualística de antes da polêmica Windscheid *versus* Muther e, por isso, ajudou a formar toda uma geração de processualistas que, não se dando conta das raízes espúrias do ramo, não poucas vezes pregam uma democracia processual com um discurso fundamentalmente antidemocrático".

perseguido e preso. Tal imposição, consoante o destacado na exposição de motivos, caiu por terra, cedendo espaço ao campo da presunção metafísica, desacompanhada de elemento real que pudesse lhe servir como base fática.

Desta maneira, quando o texto versa sobre "obsoletos escrúpulos formalísticos", deve-se perceber que está a criticar a existência de regras garantidoras do direito maior de um indivíduo, qual seja sua liberdade, considerando-as ultrapassadas pelo fato de que "atrapalham os interesses da administração da justiça".

Tal entendimento ergue-se em desfavor da própria essência que norteia a existência de um processo penal. Consoante o já exposto, o processo se origina da necessidade de proteção da pessoa frente ao poder. A "força" estatal, para ser exercida, não precisa de caminhos outros que não os das armas, e qualquer espécie de instrumento que se imponha quanto à incidência da mesma sobre alguém nada mais é do que uma espécie de "freio", uma proteção contra sua imoderada utilização. Desta maneira, as formalidades existentes em um processo penal, seja ele inquisitório, seja acusatório (resguardadas as diferenças), nada mais são do que "obstáculos" que se erguem em prol dos indivíduos frente a um possível abuso de poder por parte do Estado. Depreende-se, daí, que a existência das mesmas cumpre um papel essencial na correta apuração do fato, mediando o exercício desta força com o direito à liberdade que deve assistir a todos os integrantes de um corpo social.

Não se concorda, obviamente, com o viés adotado em nosso país na década de quarenta, eis que dito entendimento parte de um pressuposto falacioso, qual seja a de que o Estado (cita-se o Estado, eis que este é, em sentido lato, o responsável pela "administração da justiça") é bom e, através desta pretensa bondade, pode e consegue, sozinho, definir quais as melhores formas de se levar a cabo o direito de prender e punir. Ferrajoli, denominando tal paradigma como "falácia política", aduz sua crítica a partir do entendimento de que o mesmo reflete

> "(...) la idea de que baste la fuerza de un poder bueno para satisfacer las funciones de tutela asignadas al derecho y, antes aún, de que pueda existir un poder bueno, es decir, capaz de desempeñar tales cometidos sin la mediación de complejos sistemas normativos de garantías com capacidad de limitarlo, vincularlo, instrumentalizándolo y, de ser necesario, deslegitimarlo y neutralizarlo".[250]

Tal situação, continua o autor, traduz-se em "(...) un vicio ideológico habitualmente inducido por los sistemas políticos autoritarios, basados en la valoración apriorística del poder político y en la desvalorización de las garantías (...)".[251]

Entretanto, fato mais grave, em nosso entendimento, é que esta espécie de posicionamento cada vez mais se torna presente, ou seja, em que pesem os anos passados, atingimos um ponto onde o direito penal volta a ser encarado como o remédio para as mazelas sociais, e o indivíduo acusado, neste panorama, merece a perda de direitos que lhe são fundamentais, em nome da paz pública e da boa administração da justiça.

Com efeito, a legislação passada exigia, para configuração do flagrante após perseguição, a existência do "clamor público", expressamente afastado via exposição de motivos de nosso Código. Transcreveu-se, acima, o artigo 131 do Código de 1832, que, em sua parte final, esclarecia que o agente punha-se em fuga "(...) perseguido pelo clamor público (...)". Na reflexão de Camargos, "(...) a citada lei já não consentia que quem quer que seja fosse privado do oferecimento de uma prova direta e pública de que fora ele o autor de uma violação penal".[252]

---
[250] FERRAJOLI, Luigi. *Derecho y Razón*: teoria del garantismo penal, p. 941.
[251] Id. ibid.
[252] CAMARGOS, Mário Antônio Silva. *A Anamnese da Prisão em Flagrante*.

A "obsoleta formalidade" que a comissão realizadora do "novo" Código afastou significava, em verdade, que a perseguição de alguém somente se justificaria na medida em que houvesse a certeza visual da ação, ou seja, eliminava a possibilidade de prender-se "a pessoa errada". Spencer Vampré, citado por Camargos, analisa:

> "Com efeito, o clamor público, essa manifestação popular em perseguição do delinquente, deve ser consecutivo, imediato à ação criminosa, e não pode ter intermitências, ou solução de continuidade, porque o clamor público, que é a princípio levantado pelas pessoas que presenciaram a mesma ação, aumenta, cresce(...) não pode haver prisão em flagrante sem testemunhas presenciais do delito, pessoas que, tendo visto o delinquente cometendo o crime, lhe deram voz de prisão, que realizaram imediatamente, ou foi efetuada em ato contínuo, se o delinqüente, fugindo do lugar do crime, foi sem interrupção perseguido pelo clamor público (...)".[253]

A necessidade do clamor público, ao contrário do que possa parecer, não significa a necessidade de várias pessoas a testemunharem e a apontarem o autor do fato. Se assim fosse, poder-se-ia concordar, quem sabe, com a dificuldade que tal quesito estaria a impor quando da prisão em flagrante. Entretanto, Vieira Braga, em entendimento prolatado em uma sentença de 1930, que abaixo se reproduz de forma parcial, esclarece o conceito de tal vocábulo:

> "Clamor público não se constitüi sempre de uma multidão aos gritos de péga-péga(...) para a existência do clamor público, basta mesmo uma única testemunha, até só o ofendido acusando e apontando, energicamente, o criminoso(...) Conforme assinalei, o alarma, que provoca o fato criminoso, o 'arroído', se quisermos ressuscitar a expressiva denominação

---

[253] VAMPRÉ, Spencer *apud* CAMARGOS, Mário Antônio Silva. *A Anamnese da Prisão em Flagrante*.

da legislação dos tempos coloniais, pode apresentar os aspectos mais variados. Toda a teoria do flagrante está subordinada a essa prova da evidência absoluta, do fato visto, testemunhado e provado, que seria impossivel e absurdo negar (...)".[254]

Como visto, o clamor público outrora exigido, em vez de uma "obsoleta formalidade" a impedir o correto exercício de atividade estatal era, em verdade, o resguardo contra prisões que pudessem se originar, tão somente, em preconceitos sociais, eis que, bem entendido, traz consigo a significação de certeza visual do ato.

Espínola Filho, por sua vez, expressa concordância com a dicção de nosso Código Processual ("... a referência ao clamor público (...) traria, pois, inconvenientes sérios, e muito aplaudimos a sensata consideração, que o ministro da Justiça fez, na 'Exposição de Motivos ..."[255]). Em que pese tal afirmação, é de se destacar que o referido doutrinador, logo após realizá-la, afirma:

"A inovação do Código nacional autoriza a prisão, sem necessidade do alarido, do vozerio, reclamando-a; nem se exige qualquer grito, e nem mesmo palavras, afirmando a autoria. A própria mímica, o gesto enérgico e expressivo (que pode provir de um mudo), é quanto basta, eis que, com êle, fique firmemente indicada a pessoa a prender (...)".[256]

Com o devido respeito ao citado autor, somos levados a crer que o mesmo, em seus dizeres, se equivoca quanto ao espírito legislativo de nosso diploma legal. Observa-se que, em sua interpretação quanto ao afastamento do clamor público, o autor acredita que restou excluída, tão-somente, a necessidade do "vozerio", do "alarido" mas que, em nenhum momento, sobrepujou-se a

---

[254] BRAGA, Vieira *apud* ESPINOLA FILHO, Eduardo. *Código de Processo Penal Brasileiro Anotado*, p. 331.
[255] ESPINOLA FILHO, Eduardo. *Código de Processo Penal Brasileiro Anotado*, p. 330.
[256] Idem, p. 333.

necessidade da indicação por parte de uma testemunha. Sem embargo de outro entendimento, depreende-se que o processualista citado interpretou, restritivamente (ou seja, realizou a exegese do artigo em acordo com a única e correta maneira pela qual uma lei de tal espécie devesse ser interpretada), o vocábulo "presunção", atrelando-o à percepção visual de alguém quanto ao fato, ainda que esta referida "testemunha" não se pusesse aos "gritos". Infelizmente, e como a praxe diária insiste em nos informar, a "presunção" a que se refere o Código autoriza a inexistência da certeza visual do ato.

Afastado o clamor público e, por conseguinte, afastada a certeza visual do delito, é de se questionar: qual a situação em que alguém é perseguido sem que seja apontado por terceiros – que viram a cena – como autor do delito?

O terreno da presunção, como já sinalado, deve ser analisado pelos ensinamentos da criminologia interacionista, passo este que nos leva à conclusão de que somente alguém que se encaixe em um estereótipo de desviante é quem, mesmo sem ter sido visto cometendo o ato, será preso pelo mesmo. E que os utópicos do Direito não venham defender a tese de que, neste caso, não há elementos de presunção a justificar o flagrante, eis que, fato notório, "se foi perseguido pela polícia é porque deve alguma coisa (...)".[257] Para corroborar tal afirmação, qual seja a de que a lei, por si só, não basta para a proteção de Direitos fundamentais, retorna-se a Ferrajoli, desta vez citando aquilo que o autor denomina "falácia garantista": "(...) la idea de que basten las

---

[257] Neste sentido, em um plano meramente utópico, poder-se-ia argumentar que a "presunção" exigida pelo inciso ora citado refere-se a elemento devidamente embasado em uma situação fática, e não em precário juízo de valor realizado sobre uma determinada pessoa. Em nosso entendimento, tal argumentação ignora a existência do "sistema penal subterrâneo", citado por Lola Anyar. Neste sentido, a institucionalização da "presunção de inocência", por exemplo, nada vale enquanto simples instituto, eis que, no dia-a-dia da segurança pública, com a atividade de repressão sendo exercida por uma polícia mal aparelhada, preconceituosa e alvo de toda sorte de pressões políticas, a presunção, ao revés do enunciado, é a de culpabilidade.

razones de un derecho bueno, dotado de sistemas avanzados y actuables de garantías constitucionales, para contener al poder y poner a los derechos fundamentales a salvo de sus desviaciones".[258]

Percebe-se que, fato empiricamente constatável, a existência da "presunção" de autoria decorre não da interpretação correta de uma lei ordinária frente ao mandamento constitucional mas, isto sim, da própria polícia e sua interpretação (e vontade...) do fato que observa. Nos dizeres de Zaffaroni,

"(...) a lei penal deve determinar um âmbito orientador, mas o sistema penal opera em grande parte com uma orientação que é própria e diferente, excedendo a orientação em um sentido e, em outro, desinteressando-se do espaço demarcado(...) Daí que, na realidade, tenha mais importância seletiva a função da atividade policial que a do legislador penal (...)".[259]

Frente às considerações supra, tem-se que as mesmas observações realizadas junto ao inciso segundo do artigo 302, CPP, aqui se reiteram; como atestar-se a existência de *periculum libertatis* e *fumus comissi delicti*, ante um fato que ninguém viu? Que espécie de prova decorre da prisão de alguém em tais circunstâncias e, indo além, se facilmente se conclui pela fragilidade dos elementos colhidos em tal situação, como se legitimar a prisão em flagrante? Nos dizeres de Carnelutti, "(...) no es expuesto concluir que la extensión del concepto de la 'cuasi flagrancia há llegado así a ser excesivo y el derecho de la persona há resultado así exageradamente sacrificado a las conveniencias del proceso penal".[260]

---

[258] FERRAJOLI, Luigi. *Derecho y Razón*: teoria del garantismo penal, p. 941.
[259] ZAFFARONI, Eugenio Raúl,; PIERANGELI, José Henrique. *Manual de Direito Penal Brasileiro*, p. 81.
[260] CARNELUTTI, Francesco. *Lecciones sobre el Proceso Penal*, p. 80.

3.1.4. Flagrante presumido (inciso IV)

A última hipótese de flagrante contemplada em nosso Código se configura quando, nos dizeres da lei, o agente "é encontrado, logo depois, com instrumentos, armas, objetos ou papéis que façam presumir ser ele o autor da infração".

Cabem aqui, sem dúvida, todas as críticas já tecidas ao inciso segundo e à hipótese ventilada às "presunções do ato" constantes em inciso terceiro, onde o agente é perseguido sem que, para tanto, tenha ocorrido a visualização do ato por parte de uma testemunha. A "presunção" ora suscitada não se presta à satisfação do *periculum libertatis* e do *fumus comissi delicti*, erguendo sua base, tão-somente, em um juízo de valor que se realiza sobre a pessoa a ser presa e sobre elementos circunstanciais que possam estar em sua posse.

Nesta esteira de raciocínio, Sznick observa que

> "(...)estamos aqui diante de uma *fictio juris*, uma ficção do direito onde se equipara algo com a realidade (...) o fato de alguém ter o produto do crime não diz ser ele o autor do crime pois pode ser o receptador ou alguém com quem o criminoso deixou as coisas (...) é uma circunstância indiciária mas não é prova. As coisas e objetos mesmo que tenham relação aparente com o crime não tem, em si, caracteres próprios da evidência que existe no flagrante *in faciendo*, ou seja, no flagrante real, verdadeiro".[261]

Tais considerações, repita-se, se aplicam aos itens já abordados neste capítulo, eis que a essência das mesmas reside na falta de certeza visual do ato e seu autor; Vaz, abordando a precariedade da prova obtida nas circunstâncias citadas, declara:

> "Em verdade, o encontro de alguém, após um crime, com os objetos, armas e instrumentos do mes-

---
[261] SZNICK, Valdir. *Liberdade, Prisão Cautelar e Temporária*, p. 370.

mo crime desperta suspeita ou a presunção de que esse alguém é o autor do crime que foi praticado ou o cúmplice. Mas, por isso mesmo que há uma presunção é que a prisão não deve ser efetuada".[262]

Barros, por sua vez, é quem explicita, de forma contundente, a idéia ora esposada:

"(...) a fundada suspeita contra o conduzido a que se refere a lei (art. 304, § 1º do CPP), notadamente em se tratando do flagrante presumido ou quase flagrância, deixa uma relativa margem de arbítrio à autoridade policial (...) a prisão em flagrante na hipótese focalizada é afrontosa à liberdade individual e importa em sacrifício idêntico ao que resulta da prisão preventiva compulsória, medida contra a qual se rebela atualmente a consciência jurídica dos povos civilizados (...)".[263]

Por todo o afirmado é que se conclui que a referida modalidade de flagrante acaba por ir de encontro à estrutura condicionante dos princípios elencados em nossa Carta Magna.

Indo além, na opinião de Delmanto Júnior, "o problema crucial dessa modalidade de flagrante delito reside na indefinição do que seja 'logo depois' (...)". Ainda que se concorde com o autor no sentido de entender-se tal expressão como um tipo aberto e, por conseqüência, propiciador de uma interpretação subjetiva que não se coaduna com o princípio da legalidade em seu sentido lato, volta-se a frisar que, em nosso entendimento, o problema maior reside na falta de certeza visual do delito, sendo que a imprecisão do termo utilizado em lei apenas agrava a situação em concreto. Nesta seara, tem-se que, inobstante a fragilidade de indícios e de meras presunções a autorizar o aprisiona-

---

[262] VAZ, Augusto. *apud* SZNICK, Valdir. *Liberdade, Prisão Cautelar e Temporária*, p. 371.
[263] BARROS, Romeu Pires C. *apud* SZNICK, Valdir. *Liberdade, Prisão Cautelar e Temporária*, p. 372.

mento de um indivíduo, a expressão "logo depois", contida junto ao inciso em tela, através da imprecisão ínsita à espécie de vocábulo utilizado pelo legislador, serve, tão somente, para flexibilizar sua utilização em acordo com o caso em concreto, passo este que se configura em verdadeira atrocidade junto às garantias erigidas em prol do cidadão, principalmente no que tange à "igualdade" preconizada em nossa Constituição Federal. Neste sentido, a posição social do agente que é "encontrado", assim como a espécie de delito cometido e a posição social da vítima é que, no mais das vezes, realizarão a tarefa de "interpretar" o que venha a ser "logo depois".[264]

Nos comentários de Espinola Filho,

"(...) os autores, que escreveram sôbre o processo criminal brasileiro, nêste século, antes de promulgado o novo Código nacional, manifestaram repulsa terminante à figura do flagrante presumido.[265] Inobstante tal verificação, o autor concorda com a previsão legal desta espécie de flagrante, explicitando que '(...) embora se trate de uma prisão por presunção, nenhuma repugnância pode determinar

---

[264] Vale destacar, no intuito de se aclarar a espécie de decisões que podem surgir frente ao inciso em tela, acórdão proferido pela Sexta Turma de nosso Superior Tribunal de Justiça, em julgamento ao *habeas-corpus* nº 7622/MG: "1. Não há falar em nulidade da prisão em questão, pois, apesar das peculiaridades do caso, restou configurada a hipótese prevista no art. 302, inciso IV do Código de Processo Penal, que trata do flagrante presumido.2. A expressão "logo após" permite interpretação elástica, havendo maior margem na apreciação do elemento cronológico, quando o agente é encontrado em circunstâncias suspeitas, aptas, diante de indícios, a autorizar a presunção de ser ele o autor do delito, estendendo o prazo a várias horas, inclusive ao repouso noturno até o dia seguinte, se for o caso.3. Precedentes.4. RHC improvido". Salta aos olhos, na dicção do aresto supradestacado, a falta de compromisso para com o conceito estrito de flagrante, assim para com as garantias positivadas em nossa Constituição Federal; na esteira do entendimento supra torna-se possível, sem embargo, prender-se o indivíduo "à qualquer momento", eis que, se o espaço de um dia não é respeitado, que espécie de limite poderia, de fato, existir na apreciação de tal hipótese?
[265] ESPINOLA FILHO, Eduardo. *Código de Processo Penal Brasileiro Anotado*, p. 335.

a aceitação dessa figura de flagrância equiparada à real'".[266]

Para João Mendes, por sua vez

"(...) esta noção parece admitir que, em todo e qualquer tempo após o crime, dêsde que o delinquente seja preso pelos que o presenciaram, há flagrância. Isto, porém, não corresponde à idéia indicada pela analogia que deu lugar ao têrmo – flagrante delito. O delinquente que não foi preso no ato, *in faciendo*, ou pouco tempo depois do crime, fugindo às consequências, – êste delinquente não se pode dizer que praticou um ato ainda acêso aos sentidos da autoridade e à memória dos membros da sociedade: os sinais já não estão vivos, as testemunhas não estão no lugar, nem estão seguindo o malfeitor, a emoção pública já não subsiste, o corpo de delito já não está ao alcance de todos e muitas vêzes não estará ao alcance da própria autoridade".[267]

Ressalta-se, primeiro, que, no trecho supra destacado, se percebe que o referido autor rechaça a hipótese hoje constante em inciso IV de nosso diploma mesmo ante a certeza visual do ato; que se dirá, então, quanto à ocorrência do mesmo, baseado, somente, em juízo presuntivo?

Consoante o já afirmado, o que venha a ser "logo depois" não se encontra definido nem em lei e nem em doutrina, e, retornando-se à Espinola Filho, "(...) tudo depende das circunstâncias; e como estas podem variar infinitamente, a apreciação do caso é deixada ao prudente arbítrio dos juízes".[268] Tal posicionamento, ainda vigorante, deve, em nosso entendimento, ser frontalmente repudiado, eis que não se pode olvidar que o "prudente arbítrio dos juízes" nada mais é do que a

---
[266] ESPINOLA FILHO, Eduardo. *Código de Processo Penal Brasileiro Anotado*, p. 341.
[267] MENDES, João *apud* ESPINOLA FILHO, Eduardo. Idem, p. 336.
[268] Idem. 339.

expressão da identidade social frente ao caso em concreto, ou seja, não está imune (pelo contrário) aos preconceitos, ideologias e pressões políticas que o "caso em concreto" poderá suscitar; cita-se, corroborando tal idéia, a visão de Costa Manso, reproduzida por Delmanto Júnior:

"O que nego, em face de tudo quanto se expôs até aqui, é essa elástica, ilimitada, subjetiva, perigosa conceituação de flagrância, que vai se introduzindo em nossa jurisprudência. Flagrância incerta, variável, que não repousa em pressupostos de ordem objetiva, nem na estrita e expressa disposição de lei, mas em argumentos de política criminal construídos ao sabor das espécies(...)".[269]

Depreende-se, pois, que tanto a hipótese do inciso III (fragrante impróprio) quanto a hipótese de artigo IV (flagrante presumido), atingem frontalmente os direitos básicos do indivíduo não apenas por desprezarem, de forma absoluta, o preceito constitucional da presunção de inocência mas, indo além, por elasticizarem dita prisão em acordo com a conveniência do caso concreto. Se, em um regime fascista, tal passo é facilmente explicável, não há como se entender a contínua aplicação das mesmas em um Estado que traz como premissa maior o respeito ao indivíduo.

---

[269] COSTA MANSO, acórdão constante em RT 218/51 e seguintes, *apud* DELMANTO JÚNIOR, Roberto, p. 37.

Considerações finais – A exaustão dos paradigmas iluministas

"A alternativa parece clara – homogeneidade ou dualidade intrínsecas do social, funcionalismo ou criticismo do saber – mas a decisão parece difícil de tomar. Ou arbitrária".[270]

Muito embora tenhamos observado que: (a) nossa Carta Constitucional seja clara em relação aos princípios a que visa preservar enquanto reguladora de uma Sociedade Democrática de Direito; (b) que o princípio da presunção de inocência deve ser observado tanto em relação a aplicação do direito material quanto do processual, significando, neste último caso e, dentre outras conseqüências, conferir-se ao acusado o tratamento que se dá a alguém inocente; (c) que dito princípio somente poderá ser relativizado frente ao princípio da proporcionalidade e às circuntâncias do caso concreto; (d) que o flagrante derivado da certeza visual do ato presume, somente, e de forma precária, a culpa do agente frente ao caso; (e) que as demais formas de flagrante presumem não apenas a culpa mas, também, a própria realização e autoria do ato e que, por isso, não podem ser aceitas como legítimas frente aos mandamentos constitucionais, temos que os operadores jurídicos, acostumados ao trabalho na esfera penal, bem sabem que nosso diploma processual, ainda que informado por uma ma-

---
[270] LYOTARD, Jean-François. *A Condição Pós-Moderna*, p. 23.

tiz fascista, continua sendo largamente utilizado, em suas disposições, por parte de nosso Poder Judiciário, sendo esta, inclusive, a denúncia e crítica elaborada no presente trabalho.

Os motivos que levam a tal constatação são diversos; analisou-se a profunda ruptura que se constata entre os ideais Iluministas e o quadro social que hoje se impõe, com a falência da pena de prisão, a "morosidade" processual, a crescente sensação de insegurança coletiva e, fundamentalmente, o olhar da mídia sobre o tema, pautando, através de manchetes escandalosas, os movimentos políticos de segurança pública. No caso específico da prisão em flagrante, demonstrou-se que, ante tais situações, tal instituto, assim como as demais prisões provisórias, acaba por extrapolar sua função jurídico-processual, transformando-se em verdadeiro instrumento administrativo a ser utilizado como símbolo de eficácia, por parte do Estado, no combate à criminalidade. Tais constatações, entretanto, referem-se, tão-somente, aos resultados perceptíveis de uma situação que denominamos "exaustão de paradigmas".

O panorama social em que hoje nos encontramos submersos nada mais é do que conseqüência da complexidade do mundo atual e da exaustão dos paradigmas Iluministas no trato com a mesma; concordamos com os doutrinadores que explicitam tal tese, informando que as diretrizes políticas, científicas e culturais erigidas há dois séculos passados, encontram-se em um estado de tensão permanente, prontas a se romperem.

É de se marcar que a visão humanística propagada pelo iluminismo, em que pese o tempo já passado desde a revolução francesa e os incríveis avanços científicos levados a cabo em século XX, continua a fomentar a estrutura do Estado Moderno. O paradigma da razão, a dicotomia entre sociedade e indivíduo, a ilustração do átomo, etc., ainda são os elementos balizadores da sociedade atual. No entanto, e exatamente pelas modificações havidas no mundo e nas relações interindividuais, indivíduo/Estado e indivíduo/natureza, o pensamento binário resultante do século XVII já não suporta explicar os fenômenos ora existentes. As relações tornaram-se cada vez mais complexas (em verdade, sempre o foram; no entanto, a percepção de tal complexidade é que veio à tona), e o pensamento fulcrado na tese e antítese encontra-se superado. Cada vez mais as teses já trazem dentro de si suas próprias contraditas e, inobstante tais constatações, o homem continua utilizando, para si e para a sociedade, os mesmos paradigmas ventilados pela renascença. Nos dizeres de Baudrillard, "(...) em vez da fuga para a frente, preferimos o apocalipse retrospectivo e o revisionismo em todas as coisas – todas as sociedades se tornam revisionistas, repensam tudo pacificamente (...) construímos uma memória de síntese que nos serve de referência primitiva, de mito fundador, e sobretudo que nos dispensa do acontecimento real da revolução".[271] Na ótica do referido autor, estamos a conviver com um detrito ainda mais perigoso que o atômico: o detrito intelectual! O homem simplesmente acomodou-se com os "saberes" de uma ciência já ultrapassada, e, ao invés de dar continuidade em sua procura de tentar entender a si e ao que o cerca, acomodou-se na tese dualista da tese e da antítese. Fazemos nossa a pergunta de Baudrillard: "(...) quem nos livrará das sedimentações da estupidez secular?".[272]

Entende-se que homem precisa, efetivamente, de "novas explicações", já não lhe bastando a ciência moderna e seu fruto maior, a dialética. A racionalidade, base da qual surge a igualdade e, conseqüentemente, a sociedade moderna, encontra-se em questão, e Damásio adverte que "a perspectiva tradicional sobre a natureza da racionalidade não poderia estar correta".[273] Em fins

---

[271] BAUDRILLARD, Jean. *A ilusão do fim ou a greve dos acontecimentos*, p. 123.
[272] Idem, p. 124.
[273] DAMÁSIO, Antônio R. *O Erro de Descartes*, p.11. No entanto, este mesmo autor adverte que "durante a maior parte do século XX, a emoção não teve espaço nos laboratórios. Dizia-se que era subjetiva demais. A emoção encontrava-se no pólo oposto ao da razão, sendo esta, de longe, a mais refinada das capacidades humanas, e presumia-se que a razão era totalmente independente da emoção" .

de século XIX, Freud "descobre" o inconsciente; passa-se a verificar que o homem age da forma que se vislumbra não apenas motivado por pensamentos frios, calculistas, eminentemente racionais, mas sim por uma mistura de ingredientes onde os sentimentos detêm lugar de honra. Em suma, não é dotado de livre-arbítrio ou, pelo menos, o conceito do que venha a ser tal fato encontra-se modificado. Coloca-se em dúvida a base social erigida através de um pacto racional, eis que a racionalidade necessária a tanto é inexistente. O homem, que passou dois séculos negando sua transcendência, "matando sua alma", se descobre, em século XXI, imerso em grandes tribos unificadas por sentimentos que lhe são atávicos enquanto ser humano.

Seguindo-se tal esteira de raciocínio, depreende-se que a sociedade, ao revés de uma criação exclusivamente racional, detém como elementos fundadores mitos irracionais, condicionantes, estruturadores das gerações futuras. Exclui-se a dialética, a lógica binária; alma e corpo não se antagonizam, pelo contrário, se conjugam, assim como corpo e espírito, crença, emoção e razão.[274] A identidade social passa a demonstrar sua importância junto à formação da identidade individual, em clara oposição ao "átomo" preconizado pelos renascentistas. Não se torna possível, contemporaneamente, considerar-se o homem de forma isolada, e sim enquanto integrante de um grupo social, percebendo-se, aqui, o surgimento de um "neo-tribalismo",[275] onde o grupo se sobrepuja à figura do indivíduo.

O processo de individualização começa e permanece atrelado, então, à formação da identidade social e sentimentos[276] que unem o indivíduo a seus semelhan-

---
[274] Esta é a idéia central utilizada por MAFFESOLI, Michel, em *O Tempo das Tribos, o declínio do individualismo nas sociedades de massa*.
[275] Denominação utilizada por MAFFESOLI, Michel, *op. cit*.
[276] Vale frisar: "sentimentos" unem os homens, e não a racionalidade. Tanto HALL quanto MAFFESSOLI, o primeiro salientando o valor dos mitos e das (e)histórias que guardam "sentimentos adormecidos", e o segundo expressando a existência do *feeling*, desconstroem o mito da racionalidade como elemento fundador da sociedade através do pacto social.

tes. Para tais autores, a relação existente entre a sociedade e o indivíduo é interdependente, ou seja, não existe a atomização do indivíduo preconizada pela renascença e geradora da dicotomia ser/sociedade. Ao revés, na medida em que o homem não é determinado exclusivamente por seus aspectos biológicos (como os outros animais, por exemplo), mas sim, consoante Lyotard,[277] por uma "segunda natureza" derivada de seu aprendizado enquanto ser social, deixa de se conceber um indivíduo auto-suficiente, senhor de si, passando a entendê-lo como um ponto que se insere em uma cadeia social ininterrupta, e somente dotado de personalidade por força desta mesma cadeia.

Afastada a idéia do indivíduo auto-suficiente e valorada a formação (influência) social no processo de individualização do homem, surge nova questão, representada pelas palavras de Elias: "Seremos também nós, como seres humanos individuais, não mais que um meio que vive e ama, luta e morre, em prol do todo social?".[278]

Na medida em que se "descobre" a relevância fundamental da sociedade na existência do indivíduo, a polêmica dicotômica continua acesa, só que invertendo a importância dos atores. Passa-se a questionar o valor absoluto outrora fornecido a este último, surgindo teses no sentido de que, em acordo com a pergunta de Elias, o homem é apenas o meio utilizado para a manutenção de um fim diverso, representado, este, pela unidade social.

Neste sentido, de Durkheim a Luhmann, produzem-se teorias hoje denominadas sistêmicas, que fulcram suas conclusões na autopoiese biológica preconizada por Humberto Maturana e Francisco Varela.[279] Para os defensores de tal linha de pensamento, a sociedade, efetivamente, é a fonte geradora de todas as outras circunstância que implicam "ser-se humano" e,

---
[277] LYOTARD, Jean-François. *A Condição Pós-Moderna*.
[278] ELIAS, Norbert. *Sociedade dos Indivíduos*, p. 50.
[279] Consoante o ensinamento de MARIOTTI, Humberto, no artigo *Autopoiese, Cultura e Sociedade*.

sob tal viés, o homem, enquanto ser individual, é encarado como uma peça de engrenagem voltada ao funcionamento do sistema.

A importância da "visão sistêmica" frente ao tema proposto no presente trabalho é singular. Se nossa realidade demonstra que o "sistema penal" – entendido este, nas palavras de Zaffaroni, como "(...) controle social punitivo institucionalizado, que na prática abarca desde que se detecta ou supõe detectar-se uma suspeita de delito até que se impõe e executa uma pena (...)".[280] – se concretiza através de um "(...) altíssimo custo de vidas humanas (...)",[281] deve-se perceber que esta visão sistêmica preconiza um novo viés, onde, ainda nos dizeres do autor "(...) o sistema penal pode ser sem dúvida observado por outro ângulo, não tão desfavorável ou, inclusive, favorável ou 'otimista'. Esta perspectiva verifica-se quando o sistema penal é analisado pela ótica do 'sistema', ou seja, do ponto de vista do funcionalismo sistêmico, por exemplo".[282] Entretanto, adverte Zaffaroni, "(...) este 'otimismo', no entanto, tem um preço que não estamos dispostos a pagar: O imediatismo do homem e seu deslocamento do centro de interesse do discurso penal, a conseguinte amoralidade do discurso e, por último, o cancelamento do conceito de 'homem' como 'pessoa', para reduzi-lo a um 'subsistema'".[283]

A a obsolência do Estado enquanto "resguardo do corpo social", o "estado de emergência" sentido por nossa população, em suma, a percepção consciente ou inconsciente de que os sistemas racionais do humanismo não satisfizeram seus objetivos, são itens que acabam por se traduzir em uma necessidade de respostas imediatas ao problema da segurança pública, enfrentan-

---

[280] ZAFFARONI, Eugenio Raúl; PIERANGELI, José Henrique. *Manual de Direito Penal Brasileiro*, p. 70.
[281] ZAFFARONI, Eugenio Raúl. *Em busca das penas perdidas*, p. 156.
[282] Id., ibid.
[283] Id., ibid.

do-se aqui, inclusive, uma contradição ontológica, eis que esta "resposta" deve vir justamente de quem, até agora, falhou em prestá-la. Concordando-se com o trecho já destacado de Delmanto Júnior, a prisão provisória, neste caótico cenário, aparece revigorada, um "instrumento dentro de um instrumento", apto a contornar as garantias fulcradas e duramente conquistadas através das revoluções renascentistas e, desta forma, saciar esta necessidade de punição e segregamento que o corpo social reclama. Neste sentido, Lopes Júnior:

> "Essa grave degeneração do processo permite que se fale em verdadeiras penas processuais, pois confrontam violentamente com o caráter e a função instrumental do processo, configurando uma verdadeira patologia judicial, na qual o processo penal é utilizado como uma punição antecipada, instrumento de perseguição política, intimidação policial, gerador de estigmatização social, inclusive com um degenerado fim de prevenção geral. Exemplo inegável nos oferecem as prisões cautelares, verdadeiras penas antecipadas, com um marcado caráter dissuatório e de retribuição imediata".[284]

Percebe-se que, em uma sociedade amedrontada, onde os paradigmas modernos já não mais se prestam aos fins propostos, o deslocamento do indivíduo do centro de preocupação jurídica para a condição de "subsistema" acaba por se tornar uma manobra necessária ao continuismo do exercício arbitrário de poder. Nesta seara, o Estado, no intuito de prestar satisfação – simbólica, frise-se – aos interesses do grupo, ultrapassa os limites que lhe são juridicamente impostos, transformando o indivíduo, porventura "cliente" do sistema penal, em exemplo de que este mesmo sistema ainda está em funcionamento.

---
[284] LOPES JÚNIOR, Aury. *O Fundamento da Existência do Processo Penal*: Instrumentalidade Garantista.

Inserida nesta ótica, a prisão em flagrante, como já afirmado, transforma-se em excelente instrumento de expiação. Considerando-se que, junto ao imaginário coletivo, o flagrante significa, exclusivamente, certeza visual de um crime, torna-se claro que, através do mesmo, o Estado demonstra sua eficácia institucional, transmitindo a mensagem de que conseguiu exercer a correta defesa dos não-desviantes frente ao "criminoso".

Por óbvio, as demais hipóteses, calcadas somente em presunções, acabam por trazer consigo o mesmo efeito, eis que – e verifica-se, aqui, o poder dos canais midiáticos – não se passa a informação de que o indivíduo foi preso por uma ilação de quem o deteve, mas, somente, de que foi preso em "flagrante". Nesta violenta equação, as hipóteses previstas junto ao art. 302, CPP, ainda que absolutamente distintas pelo viés jurídico, geram idênticos efeitos quando observadas pelo prisma social, ou, em outras palavras, está-se diante de um caso onde "(...) a verdade se converte numa questão de funcionalidade".[285] Desta maneira, o processo penal – repete-se – se transforma em excelente instrumento de "defesa social", surgindo, daí, a visão "otimista" analisada por Zaffaroni, pois, em nome da funcionalidade do sistema, sacrifica-se o indivíduo.

De tal conseqüência é que se discorda. Ainda que se faça novamente presente a incógnita do "quem somos", arrebata-nos a crença de que a história da humanidade serve como lição. Sempre que o indivíduo foi desprezado em nome de algo maior, se concretizaram massacres que temos anotado em nossa memória, sendo que, em grande parcela, estes infelizes episódios se geraram contra o próprio corpo social que integra a Instituição.

Em nosso entendimento, a ilusão sistêmica incorre no mesmo equívoco da ilusão renascentista: persiste na manutenção de um dualismo entre homem e sociedade, desconsiderando a interação e a integração que marcam o

---

[285] ZAFFARONI, Eugenio Raúl. *Em busca das penas perdidas*, p. 87.

novo saber.[286] Como já salientado, não se vive em uma época de exclusão, de eliminação, mas sim de conjugação. Se é certo que não se concebe o indivíduo sem que, por trás, exista a influência social a lhe moldar os atos, não é menos correto afirmar-se que não existiria a sociedade sem os indivíduos. Tais entidades não se eliminam e, muito embora existam conflitos entre os interesses de ambas, são unidas em uma ligação simbiótica e indissociável. Os sistêmicos, ao transmigrarem a autopoiese biológica para o panorama social, renegam a educação humanística iniciada no Iluminismo, acreditando que a sociedade deve evoluir naturalmente. Neste sentido, como cita Mariotti, apregoam que

"a) o que evolui é a humanidade, a espécie humana; b) de acordo com a seleção natural, sobrevivem os mais aptos; c) os que não o fazem, em nada contribuem para a história da espécie; d) a competição leva à evolução e isso vale também para o ser humano. Em suma, o indivíduo deveria deixar que os fenômenos naturais se desenrolassem e teria de permanecer passivo: tudo pelo bem comum".[287]

Tal afirmação vai de encontro ao preconizado pelo Iluminismo. Em verdade, quase serve de resposta ao inumano de Lyotard, para quem a necessidade de educar-se as crianças deriva do fato de não se deixar que as mesmas sejam conduzidas pela natureza.[288] É a negação da igualdade e da fraternidade, o apogeu da natureza em seu estado bruto, como se a sociedade fosse equivalente a um organismo vivo que, através da autopoiese, se auto-regulasse, preservando-se sempre.

---
[286] Vale destacar que a prevalência da sociedade sobre o homem, muito embora seja associada à teoria sistêmica *lato sensu*, diz respeito a somente uma linha de tal pensamento. Uma segunda linha, defendida pelo próprio Maturana e por Mariotti, por exemplo, rechaça a prevalência e defende a interação eqüitativa de ambos.
[287] MARIOTTI, Humberto. *Autopoiese, Cultura e Sociedade*.
[288] Idéia central do autor em sua obra *O Inumano*: considerações sobre o tempo.

No entanto, ainda que sedutora pela argumentação, tal idéia é rechaçada pelo próprio Maturana, criador da teoria autopoiética biológica. Para o mesmo, a

"fenomenologia biológica se dá no indivíduo, e não na espécie (...) se o modo de ser do indivíduo é determinado por sua organização, que é autopoiética, não deveriam existir indivíduos descartáveis, seja em relação à espécie, à sociedade, à humanidade ou a qualquer outra instância, por mais transcendental que a consideremos (...)".

Continuando seu raciocínio, afirma:

"(...) em conseqüência, e sempre mantendo a argumentação no contexto biológico, uma sociedade só poderia ser vista como autopoiética se satisfizesse a autopoiese de todos os seus indivíduos. Logo, uma sociedade que descarta indivíduos vivos enquanto eles ainda estão vivos, e portanto atual ou potencialmente produtivos (por meio de expedientes como produção de subjetividade, exclusão social, guerras, genocídios e outras formas de violência), é automutiladora e portanto patológica".[289]

Sem dúvida a humanidade encontra-se frente a um novo obstáculo: os paradigmas do Iluminismo de séculos XVII e XVIII, ultrapassados, precisam sofrer uma reavaliação e, conseqüentemente, encontram-se sujeitos a excessos teóricos, seja em prol da sociedade, seja em resgate do indivíduo. No entanto, crê-se que o início desta nova ciência deve romper com o dualismo preconizado tanto no século XVIII pelos iluministas quanto no século XX, pelos sistêmicos, e Elias já aponta para tal caminho ao indagar: "Mas e se uma compreensão melhor da relação entre indivíduo e sociedade só pudesse ser atingida pelo rompimento dessa alternativa ou isto/ou aquilo, desarticulando a antítese cristalizada?".[290]

---

[289] MATURANA, Humberto apud MARIOTTI, Humberto. *Autopoiese, Cultura e Sociedade.*
[290] ELIAS, Norbert. *A Sociedade dos Indivíduos*, p. 65.

Ante um mundo sem fronteiras definidas, mesmo que imersos em uma névoa social, política cultural, desagregados de um saber recém-constituído mas ainda não cientes de formas que possam supri-lo de forma adequada, acredita-se que pelo menos um dos pontos deste novo caminho é não desprezar-se o já ocorrido. Endossando o pensamento de Elias, espera-se que seja possível uma convivência harmônica entre estes dois "seres artificiais" que nos fazem o que somos, quais sejam, indivíduo e sociedade. Espera-se, efetivamente, que o homem detenha competência o suficiente para realizar a conjugação entre seu ser e os terceiros que o cercam e dão forma ao ente social. Caso contrário, a história continuará imersa em uma simulação, uma paródia de fatos já acontecidos e superados que continuam a se repetir por falta de coragem em provocar-se a mudança, com o gravame de que, já tendo – tais fatos – ocorrido anteriormente, não ser mais possível à humanidade escusar-se atrás da máscara da ignorância.

Por força de tal conclusão, unida à esperança de que a crise de paradigmas hoje enfrentada não deve trazer como conseqüência o abandono de um saber já constituído mas, sim, uma evolução deste mesmo saber, é que, especificamente no caso da prisão em flagrante, acredita-se na invalidade das presunções já destacadas. Se é verdade que o corpo social reclama a prisão de agentes como forma de expiação, não menos verdade é que, ao se desprezarem as garantias básicas erigidas em prol deste mesmo agente, estar-se-á incorrendo em severo retrocesso, voltando-se aos fundamentos de Estados totalitários. Tal situação, além de não servir como resposta para o vazio que nos é imposto ante a exaustão iluminista, traz consigo as mazelas já experimentadas em continente europeu, através das grandes guerras, em continente sul-americano, através de ditaduras que tanto conhecemos, e em outras partes do mundo, onde a força do colonialismo ceifou povos em nome de um bem maior. Se o objetivo do Estado, em seu nascedouro, foi a contenção da arbitrariedade e da violência, não se pode permitir que dita criatura acabe por se voltar contra seus criadores. É por isso que, novamente, e em nome de uma minimização da crise hoje enfrentada, propugnamos, em caráter penal e processual penal, pelos ideais do Garantismo.

Bibliografia consultada

ADEODATO, João Maurício L. Conhecimento e ética: o ceticismo de Kant. *Ciência e Trópico*, Recife, v. 22, n. 1, jan./jun. 1994.

——. *Filosofia do Direito*: uma crítica à verdade na ética e na ciência. São Paulo: Saraiva, 1996.

ALEXY, Robert. *Teoria de los derechos fundamentales*. Trad. de Ernesto Garzón Valdés. Madrid: Centro de Estudos Constitucionales, 1997.

ANCEL, Marc. *A Nova Defesa Social*. Rio de Janeiro: Forense, 1979.

ANDRADE, Vera Regina Pereira de. *A ilusão de segurança jurídica*: do controle da violência à violência do controle penal. Porto Alegre: Livraria do Advogado, 1997.

ANTOLISEI, Francesco. *Manual de Derecho Penal*: parte general. Trad. de Jorge Guerrero y Marino Ayerra Redín. Bogotá: Temis, 1988.

ARENDT, Hannah. *Eichmann em Jerusalém*. Trad. José Rubens Siqueira. São Paulo: Companhia das Letras, 1999.

——. *Sobre a Violência*. Trad. André Duarte. Rio de Janeiro: Relume – Dumará, 2000.

BAIGENT, Michael; LEIGH, Richard. *A Inquisição*. Trad. Marcos Santarrita. Rio de Janeiro: Imago, 2001.

BAKUNIN, Michael Alexandrovich. Catecismo Revolucionário. In: ——. *Textos Anarquistas*. Trad. Zilá Bernd. Porto Alegre: L&PM, 2000.

BARATTA, Alessandro. Funções instrumentais e simbólicas do Direito Penal: lineamentos de uma teoria do bem jurídico. Trad. de Ana Lúcia Sabadell. *Revista Brasileira de Ciências Criminais*, São Paulo, v. 2, ano 2, n. 5, out./dez. 1993.

——. *Criminologia crítica e crítica do Direito Penal*. Trad. de Juarez Cirino dos Santos. Rio de Janeiro: Freitas Bastos, 1999.

BARRETO, Tobias. *Estudos de Direito*. Campinas: Bookseller, 2000.

BARROS, Suzana Toledo de. *O princípio da proporcionalidade e o controle de constitucionalidade das leis restritivas de direitos fundamentais*. 2. ed. Brasília: Brasília Jurídica, 2000.

BATISTA, Nilo. *Introdução crítica ao Direito Penal brasileiro*. 3. ed. Rio de Janeiro: Revan, 1996.

BAUDRILLARD, Jean. *A Ilusão do Fim ou a Greve dos Acontecimentos*. Lisboa: Terramar, 1995.

——. *A transparência do mal*: ensaio sobre os fenômenos extremos. Trad. de Estela dos Santos Abreu. 5. ed. Campinas: Papirus, 2000.

BAUMER, Franklin L. *O pensamento europeu moderno*. Lisboa: Edições 70, 1990. 2v.

BECCARIA, Cesare. *Dos delitos e das penas*. Trad. de Lúcia Guidicini e Alessandro Berti Contessa. 2. ed. São Paulo: Martins Fontes, 1999.

BETTIOL, Guiseppe. *Direito Penal*. Campinas: Red Livros, 2000.

BITENCOURT, Cezar Roberto. *Juizados Especiais Criminais e Alternativas à Pena de Prisão*. Porto Alegre: Livraria do Advogado, 1996.

——. *Manual de Direito Penal*. São Paulo: Saraiva, 2000.

——. *Falência da pena de prisão:* causas e alternativas. 2 ed. São Paulo: Saraiva, 2001.

BOBBIO, Norberto. *Teoria do ordenamento jurídico*. Trad. de Maria Celeste Cordeiro Leite do Santos. 6 ed. Brasília: Editora Universidade de Brasília, 1995.

——. *O positivismo jurídico*: lições de Filosofia do Direito. Trad. de Márcio Pugliesi, Edson Bini e Carlos E. Rodrigues. São Paulo: Ícone, 1995.

——. *Igualdade e liberdade*. Trad. de Carlos Nelson Coutinho. Rio de Janeiro: Ediouro, 1996.

——. *Locke e o Direito Natural*. Trad. de Sérgio Bath. Brasília: Editora Universidade de Brasília, 1997.

BONAVIDES, Paulo. *Curso de Direito Constitucional*. 11. ed. São Paulo: Malheiros, 2001.

BRANDÃO, Cláudio. *Introdução ao Direito Penal*. Rio de Janeiro: Forense, 2002.

CAMARGOS, Mário Antônio Silva. *A Anamnese da Prisão em Flagrante*. Disponível em http://www.trlex.com.br/resenha/camargos/flagra.htm. Acesso em julho de 2001.

CAMPILONGO, Celso Fernandes. *O Direito na sociedade complexa*. São Paulo: Max Limonad, 2000.

CANOTILHO, José Joaquim Gomes. *Constituição dirigente e vinculação do legislador:* contributo para a compreensão das normas constitucionais programáticas. Coimbra: Coimbra, 1994.

——. *Direito Constitucional e Teoria da Constituição*. 4 ed. Coimbra: Almedina, 2000.

CARNELUTTI, Francesco. *Lecciones sobre el Proceso Penal*. Trad. Santiago Sentís Melendo. Buenos Aires: Bosch, 1950. v.II

———. *Lecciones sobre el Proceso Penal*. Trad. Santiago Sentís Melendo. Buenos Aires: Bosch, 1950. v.IV

———. *Cuestiones sobre el Proceso Penal*. Trad. Santiago Sentís Melendo. Buenos Aires: Ediciones Jurídicas Europa-América, 1961.

———. *Principios del Proceso Penal*. Trad. Santiago Sentís Melendo. Buenos Aires: Ediciones Jurídicas Europa-América, 1971

———. *As Misérias do Processo Penal*. Trad. José Antônio Cardinalli. São Paulo: Conan, 1995.

CARVALHO, Salo de. *A Política Criminal de Drogas no Brasil*. Do Discurso oficial às razões de descriminalização. Rio de Janeiro: Luam, 1996.

———. Manifesto Garantista. *Informativo do Instituto Transdisciplinar de Estudos Criminais*, n. 2, ano 1, 1999.

———. *Defesa Social*. Porto Alegre: Mimeo, 2000.

———. *Pena e garantias*: uma leitura do garantismo de Luigi Ferrajoli no Brasil. Rio de Janeiro: Lumen Juris, 2001.

CARVALHO, Amilton Bueno de; CARVALHO, Salo de. *Aplicação da pena e garantismo*. Rio de Janeiro: Lumen Juris, 2001.

CARVALHO, Amílton Bueno de. Nós, Juízes, Inquisidores. In: *Direito Penal e Processual Penal, uma visão garantista*. Rio de Janeiro: Lumen Juris, 2001.

CASTRO, Lola Anyar de. *Criminologia da Reação Social*. Rio de Janeiro: Forense, 1983.

CERNICCHIARO, Luiz Vicente; COSTA JÚNIOR, Paulo José. *Direito Penal na Constituição*. 3. ed. São Paulo: RT, 1995.

CERVINI, Raúl. *Os processo de criminalização*. Trad. de Eliana Granja et al. 2 ed. São Paulo: RT, 1995.

COSTA, Álvaro Mayrink da. *Raízes da sociedade criminógena*. Rio de Janeiro: Lumen Juris, 1997.

COUTINHO, Jacinto Nélson de Miranda. Glosas ao Verdade, Dúvida e Certeza de Francesco Carnelutti, para os Operadores do Direito. In: RUBIO, David Sánchez; FLORES, Joaquín Herrera; CARVALHO, Salo de. *Anuário Ibero-Americano de Direitos Humanos (2001-2002)*. Rio de Janeiro: Lumen Juris, 2000.

———. Introdução aos Princípios Gerais do Direito Processual Penal Basileiro. *Revista de Estudos Criminais*, n. 01. Porto Alegre: Nota Dez, 2001.

———. Atualizando o Discurso Sobre Direito e Neoliberalismo no Brasil. *Revista de Estudos Criminais*, n. 04, Porto Alegre, Nota Dez, 2001.

———. *Efetividade do Processo Penal e Golpe de Cena*: um problema às reformas processuais. Escritos de Direito Penal e Processo Penal em homenagem ao professor Paulo Cláudio Tovo. Rio de Janeiro: Lumen Juris, 2002.

CUNHA, Maria da Conceição Ferreira. *Constituição e crime*: uma perspectiva da criminalização e da descriminalização. Porto: Universidade Católica Portuguesa, 1995.

DAMÁSIO, António R. *O erro de Descartes*: emoção, razão e o cérebro humano. Trad. de Dora Vicente e Georgina Segurado. São Paulo: Companhia das Letras, 1996.

DANTAS, Ivo. *Princípios constitucionais e interpretação constitucional*. Rio de Janeiro: Lumen Juris, 1995.

DELMANTO JÚNIOR, Roberto. *As modalidades de prisão provisória e seu prazo de duração*. 2 ed. Rio de Janeiro: Renovar, 2001.

DIAS, Jorge de Figueiredo. *Criminologia* – o homem delinqüente e a sociedade criminógena. Coimbra: Coimbra Editora, 1997.

———. *Direito Processual Penal*. Secção de textos da Faculdade de Direito da Universidade de Coimbra, 1988-9.

———. *Questões fundamentais do Direito Penal revisitadas*. São Paulo: RT, 1999.

DUMONT, Louis. *O individualismo*: uma perspectiva antropológica da ideologia moderna. Trad. Álvaro Cabral. Rio de Janeiro: Rocco, 1985.

ECO, Umberto. Pensar a Guerra. In: *Cinco Escritos Morais*. Trad. De Elena Aguiar. 4 ed. Rio de Janeiro: Record, 2000.

———. O Fascismo Eterno. In: *Cinco Escritos Morais*. Trad. de Elena Aguiar. 4 ed. Rio de Janeiro: Record, 2000.

ELIAS, Norbert. *A sociedade dos indivíduos*. Trad. de Vera Ribeiro. Rio de Janeiro: Jorge Zahar Editor, 1994.

ESPINOLA FILHO, Eduardo *Código de Processo Penal Brasileiro Anotado*. Rio de Janeiro: Borsoi, 1954. v. 1 a 8.

FERNANDES, Antonio Scarance. *Processo Penal Constitucional*. São Paulo: RT, 1999.

FERRAJOLI, Luigi. *Derecho y rázon*: teoria del garantismo penal. Trad. de Perfecto Ibáñez et al. Madrid: Trotta, 2000.

———. A teoria do garantismo e seus reflexos no processo penal. Disponível em http://www.geocities.com/diogocs2000. Acesso em julho de 2001.

FERRI, Enrico. *Princípios de Direito Criminal*. Trad. Paolo Capitanio. Campinas: Bookseller, 1999.

FERRAZ JÚNIOR, Tércio Sampaio. *Função social da dogmática jurídica*. São Paulo: Max Limonad, 1998.

FLACH, Norberto. *Prisão Processual Penal: discussão à luz dos princípios constitucionais da proporcionalidade e da segurança jurídica*. Rio de Janeiro: Forense, 2000.

FOUCAULT, Michel. *Microfísica do Poder*. 13 ed. Rio de Janeiro: Graal, 1998.

———. *Vigiar e Punir*: história da violência nas prisões. Trad. de Raquel Ramalhete.17 ed. Petrópolis: Vozes, 1998.

GALEANO, Eduardo. *De Pernas pro Ar/A Escola do Mundo ao Avesso*. Porto Alegre: L&PM, 1999.

———. *La Escuela del Crímen*. Disponível em http:// ttt.inf.upv.es/~pausalvi/Eduardo_Galeano/altres_articles/Escuela_crimen.htm – Acesso em março de 2002.

GALVÃO, Fernando. *Política criminal*. Belo Horizonte: Mandamentos, 2000.

GAUER, Ruth Maria Chittó. *A Modernidade Portuguesa e a Reforma Pombalina de 1772*. Porto Alegre: EDIPUCRS, 1996.

———. Alguns Aspectos da Fenomenologia da Violência. In: GAUER, Gabriel J. Chittó; GAUER, Ruth M. Chittó. *A Fenomenologia da Violência*. Curitiba: Juruá, 2000.

GILISSEN, John. *Introdução histórica ao direito*. Trad. de A. M. Hespanha e L. M. Macaísta Malheiros. 2. ed. Lisboa: Fundação Calouste Gulbenkian, 1995.

GIORGI, Raffaele de. *Direito, democracia e risco*: vínculos com o futuro. Trad. de Sandra Regina Martini Vial, Menelick de Carvalho Netto, Juliana Neuenschwander Magalhães e Celso Fernandes Campilongo. Porto Alegre: Fabris, 1998.

GOLDSCHMIDT, James. *Principios Generales del Proceso, problemas jurídicos y políticos del proceso penal*. Buenos Aires: Ediciones Jurídicas Europa-América, 1934.

GOMEZ, Diego J. Duquelsky. *Entre a Lei e o Direito, Uma Contribuição à Teoria do Direito Alternativo*. Trad. Amilton Bueno de Carvalho e Salo de Carvalho. Rio de Janeiro: Lumen Juris, 2001.

GRINOVER, Ada Pellegrini; FERNANDES, Antônio Scarance; GOMES FILHO, Antonio Magalhães. *As Nulidades no Processo Penal*. 3.ed. São Paulo: Malheiros, 1992.

———. *Recursos no Processo Penal*. 2.ed. São Paulo: RT, 1998.

———. *As Garantias Constitucionais do Processo*. São Paulo: Forense, 2000

GRUPPI, Luciano. *Tudo começou com Maquiavel*: as concepções de Estado em Marx, Engels, Lênin e Gramsci. Trad. de Dario Canalli. 15. ed. Porto Alegre: L&PM, 2000.

GUARESCHI, Pedrinho A. *Sociologia Crítica*: alternativas de mudança. Porto Alegre: Mundo Jovem, 1991.

GUERRA FILHO, Willis Santiago. *Autopoiese do Direito na sociedade pós-moderna*: introdução a uma teoria social sistêmica. Porto Alegre: Livraria do Advogado, 1997.

HABERMAS, Jürgen. *Direito e Democracia*: entre facticidade e validade, I e II. Trad. Flávio Beno Siebeneichler. Rio de Janeiro: Tempo Brasileiro, 1997.

HALL, Stuart. *A identidade cultural na pós-modernidade*. Trad. de Maria de Lourdes Menezes. Rio de Janeiro: DP&A, 1997.

HASSEMER, Winfried. *Três Temas de Direito Penal*. Porto Alegre: AMP, 1993.

HEGEL, George Wilhelm Friedrich. *Princípios da Filosofia do Direito*. Trad. Orlando Vitorino. São Paulo: Martins Fontes, 2000.

HESSE, Konrad. *A força normativa da Constituição*. Trad. de Gilmar Ferreira Mendes. Porto Alegre: Fabris, 1991.

HULSMAN, Louk; CELIS, Jacqueline Bernat. *Penas Perdidas*: o sistema penal em questão. Trad. Maria Lúcia Karam. Niterói: Luam, 1997.

HUNGRIA, Nélson. *Comentários ao Código Penal*. 3.ed. Forense: Rio de Janeiro, 1955.

IBÁÑEZ, Perfecto Andrés. Garantismo y proceso penal. *Revista de La Facultad de Derecho de La Universidad de Granada*, 3ª época, n. 2, 1999.

——. Presuncion de Inocencia y Prision sin Condena. *Revista de La Asociación de Ciencias Penales*, Costa Rica, n. 13, ano 9, agosto, 1997.

LARENZ, Karl. *Metodologia da ciência do Direito*. Trad. de José Lamego. 3. ed. Lisboa: Fundação Calouste Gulbenkian, 1997.

LOPES Jr., Aury. Fundamento, requisito e princípios gerais das prisões cautelares. *Revista da Associação dos Juízes do Rio Grande do Sul*, n. 72. Porto Alegre: AJURIS, 1998.

——. *O Fundamento da Existência do Processo Penal*: instrumentalidade garantista. Disponível em http://www.ambitojuridico.com.br/aj/dpp0012.html. Acesso em agosto 2001.

——. *Crimes Hediondos e Prisão em Flagrante como Medida Pré-Cautelar*. Porto Alegre: 2000. Mimeo.

——. *Sistemas de investigação preliminar no processo penal*. Rio de Janeiro: Lumen Juris, 2001.

LUHMANN, Niklas. *Sociologia do Direito I*. Trad. de Gustavo Bayer. Rio de Janeiro: Tempo Brasileiro, 1983.

——. *Sociologia do Direito II*. Trad. de Gustavo Bayer. Rio de Janeiro: Tempo Brasileiro, 1985.

——. *Poder*. Trad. de Martine Creusot de Rezende Martins. 2.ed. Brasília: Editora Universidade de Brasília, 1992.

LUISI, Luiz. Bens constitucionais e criminalização. *Revista do Centro de Estudos Judiciários*, Brasília: CJF, ano 2, n. 4, abr. 1998.

——. *Os princípios constitucionais penais*. Porto Alegre: Fabris, 1991.

LYOTARD, Jean-François. *O inumano*: considerações sobre o tempo. Trad. de Ana Cristina Seabra e Elisabete Alexandre. Lisboa: Estampa, 1989.

——. *A Condição Pós-Moderna*. 6.ed. Trad. de Ricardo Corrêa Barbosa. Rio de Janeiro: José Olympio, 2000.

LYRA, Roberto; ARAÚJO JÚNIOR, João Marcello de. *Criminologia*. Rio de Janeiro: Forense, 1995.

MAFFESOLI, Michel. *O Tempo das Tribos, o declínio do individualismo nas sociedades de massa*. 3.ed. Rio de Janeiro: Forense Universitária, 2000.

MAIER, Julio B.J. *Derecho Procesal Penal I. Fundamentos*. Buenos Aires: Editores del Puerto, 1999.

MALATESTA, Nicola Franmarino del. *A Lógica das Provas em Matéria Criminal*. São Paulo: Conan, 1995.

MANHEIM, Hermann. *Criminologia comparada*. Trad. de J. F. Faria Costa e M. Costa Andrade. Lisboa: Fundação Calouste Gulbenkian, 1984. 2v.

MARIOTTI, Humberto. Autopoiese, Cultura e Sociedade. Disponível em http://www.geocities.com/complexidade/autocs.html. Acesso em fevereiro 2002.

MARQUES, José Frederico. *Elementos de Direito Processual Penal*. São Paulo: Forense, 1961. v. 1 a 3.

——. *Tratado de Direito Penal*. Campinas: Bookseller, 1997. v. 1.

MELLO, Celso Antônio Bandeira de. *Curso de Direito Administrativo*. 7. ed. São Paulo: Malheiros, 1995.

MELGAREJO, Etatiana dos Santos. *A Garantia Constitucional da Presunção de Inocência e as Prisões Cautelares*. Porto Alegre: 2001. Mimeo.

MIRABETE, Julio Fabbrini. *Processo Penal*. 2.ed. São Paulo: Atlas, 1992.

——. *Código de Processo Penal Interpretado*. 7.ed. São Paulo: Atlas, 2000.

MIRANDA, Jorge. *Manual de Direito Constitucional*. 2. ed. Coimbra: Coimbra, 1988. t 2.

MORIN, Edgar. *A cabeça bem-feita*: repensar a reforma, reformar o pensamento. Trad. de Eloá Jacobina. 2. ed. Rio de Janeiro: Bertrand Brasil, 2000.

——; PRIGOGINE, Ilya (org.). *A sociedade em Busca de Valores*: para fugir à alternativa entre o Cepticismo e o Dogmatismo. Trad. de Luís M. Couceiro Feio. Lisboa: Instituto Piaget, 1998.

——; LE MOIGNE, Jean-Louis. *A inteligência da complexidade*. Trad. Nurimar Maria Falci. 2. ed. São Paulo: Fundação Peirópolis, 2000.

MÜLLER, Friedrich. *Direito, liguagem e violência*: elementos de uma teoria constitucional I. Trad. de Peter Naumann. Porto Alegre: Fabris, 1995.

NASSIF, Aramis. *Júri*: instrumento da soberania popular. Porto Alegre: Livraria do Advogado, 1996.

NEVES, Marcelo. *A constitucionalização simbólica*. São Paulo: Acadêmica, 1994.

OLIVEIRA, Marco Aurélio Moreira de. A Intervenção Mínima no Direito Penal *Informativo do Instituto Transdisciplinar de Estudos Criminais*, n. 2, ano 1, 1999.

OLIVEIRA, Susel. *O Pensamento Ocidental*. Palestra proferida em Doutorado de História. Porto Alegre: 2001. Mimeo.

PATRÍCIO, Rui. *O princípio da presunção de inocência do argüido na fase do julgamento no actual processo penal português*. Lisboa: Associação Acadêmica da Faculdade de Direito de Lisboa, 2000.

PEÑA DE MORAES, Guilherme. *Direitos Fundamentais:* Conflitos e Soluções. Niterói, RJ: Frater et Labor, 2000.

PRADO, Geraldo. *Sistema Acusatório*. Rio de Janeiro: Lumen Juris, 1999.

———. *Prisão e Liberdade*. Disponível em http://2000.mrweb.com.br/cl/telejur/artigos. Acesso em março de 2002.

PRIGOGINE, Ilya. *O fim das certezas:* tempo, caos e as leis da natureza. Trad. de Roberto Leal Ferreira. 3. ed. São Paulo: UNESP, 1996.

QUEIROZ, Paulo de Souza. *Do caráter subsidiário do Direito Penal*. Belo Horizonte: Del Rey, 1998.

———. *Funções do Direito Penal*: legitimação versus deslegitimação do sistema penal. Belo Horizonte: Del Rey, 2001.

REALE, Miguel. *Filosofia do Direito*. 16 ed. São Paulo: Saraiva, 1994.

———. *Lições Preliminares de Direito*. 23. ed. São Paulo: Saraiva, 1996.

ROCCO, Arturo. *El problema y el método de la ciencia del derecho penal*. Trad. de Rodrigo Naranjo Vallejo. 2. ed. Bogotá: Temis, 1982.

ROCHA, Carmen Lúcia Antunes. *Princípios constitucionais da administração pública*. Belo Horizonte: Del Rey, 1994.

ROSSEAU, Jean-Jacques. *O Contrato Social e outros escritos*. São Paulo: Matrix, 1985.

ROTHENBURG, Walter Claudius. *A pessoa jurídica criminosa*. Curitiba: Juruá, 1997.

ROXIN, Claus. *Problemas fundamentais de Direito Penal*. Trad. de Ana Paula dos Santos Luís Natscheradetz. 3.ed. Lisboa: Veja, 1998.

SALDANHA, Nelson. *Ética e História*. Rio de Janeiro: Renovar, 1998.

———. *Filosofia do Direito*. Rio de Janeiro: Renovar, 1998.

———. *Formação da Teoria Constitucional*. 2.ed. Rio de Janeiro: Renovar, 2000.

SANTOS, Boaventura de Sousa. *Reinventar a democracia*. Lisboa: Gradiva, 1998.

——. *O discurso e o poder*: ensaio sobre a sociologia da retórica jurídica. Porto Alegre: Fabris, 1988.

——. *A crítica da razão indolente*: contra o desperdício da experiência. São Paulo: Cortez, 2000.

SANTOS, Fernando Ferreira dos. *Princípio constitucional da dignidade da pessoa humana*. São Paulo: Celso Bastos, 1999.

SANTOS, Juarez Cirino dos. *A Criminologia Radical*. Rio de Janeiro: Forense, 1981.

SARLET, Ingo Wolfgang. Os Direitos Fundamentais Sociais na Ordem Constitucional Brasileira. In: *Em Busca dos Direitos Perdidos*, uma discussão à luz do Estado Democrático de Direito. Porto Alegre: Instituto de Hermenêutica Jurídica, 2003.

SILVA, Hélio R. S. A língua geral da violência. In: GAUER, Gabriel J. Chittó; GAUER, Ruth M. Chittó. *A Fenomenologia da Violência*. Curitiba: Juruá, 2000.

SIMMEL, Georg. *Simmel e a Modernidade*. Trad. Jessé Souza. Brasília: UNB, 1998.

SKINNER, Burrhus Frederic. *Walden II*: uma sociedade do futuro. 2. ed. São Paulo: E.P.U., 1972.

SOARES, Luiz Eduardo. *Meu Casaco de General*: quinhentos dias no front da segurança pública do Rio de Janeiro. São Paulo: Companhia das Letras, 2000.

SOUTO, Cláudio; SOUTO, Solange. *Sociologia do Direito*: uma visão substantiva. 2. ed. Porto Alegre: Fabris, 1997.

STRECK, Lenio Luiz. *Tribunal do Júri, Símbolos e Rituais*. 4. ed. Porto Alegre: Livraria do Advogado, 2001.

STUMM, Raquel Denize. *Princípio da proporcionalidade no Direito Constitucional brasileiro*. Porto Alegre: Livraria do Advogado, 1995.

SZNICK, Valdir. *Liberdade, Prisão Cautelar e Temporária*. 2.ed. São Paulo: Universitária, 1995.

TEUBNER, Gunther. *O Direito como sistema autopoiético*. Trad. de José Engrária Antunes. Lisboa: Fundação Calouste Gulbenkian, 1993.

TOLEDO, Francisco de Assis. *Princípios básicos de Direito Penal*. 5. ed. São Paulo: Saraiva, 1994.

TOCQUEVILLE, Alexis de. *A Democracia na América*. Itatiaia: EDUSP, 1989.

TOURINHO FILHO, Fernando da Costa. *Prática de Processo Penal*. 15.ed. São Paulo: Saraiva, 1993.

——. *Processo Penal*. 15.ed. São Paulo: Saraiva, 1994. v. 2.

——. *Processo Penal*. 16.ed. São Paulo: Saraiva, 1994. v. 3.

——. *Código de Processo Penal Comentado*. v.1. 5.ed. São Paulo: Saraiva, 1999. v. 1.

——. *Código de Processo Penal Comentado*. 5.ed. São Paulo: Saraiva, 1999. v. 2.

TZITZIS, Stamatios. *Filosofia penal*. Trad. de Mário Ferreira Monte. Aveiro: Legis, 1999.

VARELLA, Drauzio. *Estação Carandiru*. São Paulo: Companhia das Letras, 2000.

VIGNOLES, Patrick. *A Perversidade*. Trad. Nícia Adan Bonatti. São Paulo: Papirus, 1991.

ZAFFARONI, Eugenio Raúl; PIERANGELI, José Henrique. *Manual de Direito Penal brasileiro*: parte geral. São Paulo: Revista dos Tribunais, 1997.

——. *Em busca das penas perdidas*. Trad. Vania Romano Pedrosa e Amir Lopez da Conceição. 4 ed. Rio de Janeiro: Revan, 1999.

——. *El Sistema Penal y el Discurso Jurídico*. Disponível em http://www.pjba.gov.ar/dcas/revista/1999/07/doctrina.int/nota.html. Acesso em fevereiro 2001.

Impressão:
Editora Evangraf
Rua Waldomiro Schapke,77 - P. Alegre, RS
Fone: (51) 3336-2466 - Fax: (51) 3336-0422
E-mail: evangraf@terra.com.br